中华精神家园

千秋教化

教化于民

太学文化与私塾文化

肖东发 主编 李 勇 编著

中国出版集团

现代出版社

图书在版编目（CIP）数据

教化于民 / 李勇编著. — 北京：现代出版社，
2014.10（2021.7重印）
　（中华精神家园书系）
　ISBN 978-7-5143-2996-4

Ⅰ．①教… Ⅱ．①李… Ⅲ．①高等教育－教育史－中
国－古代②私塾－教育史－研究－中国 Ⅳ．①G649.29
②G629.299

中国版本图书馆CIP数据核字（2014）第236352号

教化于民：太学文化与私塾文化

主　　编：肖东发
作　　者：李　勇
责任编辑：王敬一
出版发行：现代出版社
通信地址：北京市定安门外安华里504号
邮政编码：100011
电　　话：010-64267325 64245264（传真）
网　　址：www.1980xd.com
电子邮箱：xiandai@cnpitc.com.cn
印　　刷：三河市嵩川印刷有限公司
开　　本：710mm×1000mm　1/16
印　　张：11
版　　次：2015年4月第1版　　2021年7月第3次印刷
书　　号：ISBN 978-7-5143-2996-4
定　　价：40.00元

　　党的十八大报告指出："文化是民族的血脉，是人民的精神家园。全面建成小康社会，实现中华民族伟大复兴，必须推动社会主义文化大发展大繁荣，兴起社会主义文化建设新高潮，提高国家文化软实力，发挥文化引领风尚、教育人民、服务社会、推动发展的作用。"

　　我国经过改革开放的历程，推进了民族振兴、国家富强、人民幸福的中国梦，推进了伟大复兴的历史进程。文化是立国之根，实现中国梦也是我国文化实现伟大复兴的过程，并最终体现为文化的发展繁荣。习近平指出，博大精深的中国优秀传统文化是我们在世界文化激荡中站稳脚跟的根基。中华文化源远流长，积淀着中华民族最深层的精神追求，代表着中华民族独特的精神标识，为中华民族生生不息、发展壮大提供了丰厚滋养。我们要认识中华文化的独特创造、价值理念、鲜明特色，增强文化自信和价值自信。

　　如今，我们正处在改革开放攻坚和经济发展的转型时期，面对世界各国形形色色的文化现象，面对各种眼花缭乱的现代传媒，我们要坚持文化自信，古为今用、洋为中用、推陈出新，有鉴别地加以对待，有扬弃地予以继承，传承和升华中华优秀传统文化，发展中国特色社会主义文化，增强国家文化软实力。

　　浩浩历史长河，熊熊文明薪火，中华文化源远流长，滚滚黄河、滔滔长江，是最直接的源头，这两大文化浪涛经过千百年冲刷洗礼和不断交流、融合以及沉淀，最终形成了求同存异、兼收并蓄的辉煌灿烂的中华文明，也是世界上唯一绵延不绝而从没中断的古老文化，并始终充满了生机与活力。

　　中华文化曾是东方文化摇篮，也是推动世界文明不断前行的动力之一。早在500年前，中华文化的四大发明催生了欧洲文艺复兴运动和地理大发现。中国四大发明先后传到西方，对于促进西方工业社会的形成和发展，曾起到了重要作用。

　　中华文化的力量，已经深深熔铸到我们的生命力、创造力和凝聚力中，是我们民族的基因。中华民族的精神，也已深深植根于绵延数千年的优秀文化传统之中，是我们的精神家园。

　　总之，中华文化博大精深，是中国各族人民五千年来创造、传承下来的物质文明和精神文明的总和，其内容包罗万象，浩若星汉，具有很强的文化纵深，蕴含丰富宝藏。我们要实现中华文化伟大复兴，首先要站在传统文化前沿，薪火相传，一脉相承，弘扬和发展五千年来优秀的、光明的、先进的、科学的、文明的和自豪的文化现象，融合古今中外一切文化精华，构建具有中国特色的现代民族文化，向世界和未来展示中华民族的文化力量、文化价值、文化形态与文化风采。

　　为此，在有关专家指导下，我们收集整理了大量古今资料和最新研究成果，特别编撰了本套大型书系。主要包括独具特色的语言文字、浩如烟海的文化典籍、名扬世界的科技工艺、异彩纷呈的文学艺术、充满智慧的中国哲学、完备而深刻的伦理道德、古风古韵的建筑遗存、深具内涵的自然名胜、悠久传承的历史文明，还有各具特色又相互交融的地域文化和民族文化等，充分显示了中华民族的厚重文化底蕴和强大民族凝聚力，具有极强的系统性、广博性和规模性。

　　本套书系的特点是全景展现，纵横捭阖，内容采取讲故事的方式进行叙述，语言通俗，明白晓畅，图文并茂，形象直观，古风古韵，格调高雅，具有很强的可读性、欣赏性、知识性和延伸性，能够让广大读者全面接触和感受中国文化的丰富内涵，增强中华儿女民族自尊心和文化自豪感，并能很好继承和弘扬中国文化，创造未来中国特色的先进民族文化。

2014年4月18日

中央官学——太学之本

地方私学——私　塾

太学之本

太学，是古代官立的高等学府，是以传授、研习儒家经典为主的国立大学。夏商周时期已有太学雏形，但太学的制度化始于汉武帝时。汉武帝以儒学为官方思想，其崇儒的具体措施或表现就是设太学，从此揭开了太学的新篇章。

我国古代太学在长期的发展演变中，自汉代至清代末期，其间虽屡遭战乱停办，但天下安定则屡次重建，绵延近2000年，培养了大批人才。这样的学府统脉，在全世界不但是独一无二的，而且是持续时间最长的。这是中华民族的骄傲。

夏商周时期的太学起源

据传说，舜帝年纪很大的时候，尧帝的异母弟契去世了。契是舜帝任命的主要掌管教育的官员，他在世的时候，自始至终没摆半点皇亲、长者、老臣的架子，大家都很尊重他。

舜画像

契的去世，让舜帝非常心痛。他下令辍朝7日，举朝深切悼念，然后又为契举行了隆重的葬礼。

老臣们一个一个地去世，这让已经不再年轻的舜帝无比感伤。岁月流逝，人生易老。于是，他决定开设庠这样的学校，将年岁大的老臣供养在这里，并建立了养老制度。这样，不仅可以使老臣们老有所

养，而且更能教化人们尊老爱老，也算不辜负契生前教化人心的愿望。

"庠"作为养老教化之所在，一方面反映了原始氏族公社尊老敬长的优良传统，以及与教化相关的礼仪和内容；另一方面，它在古代太学的发展过程中，首开高等教育之先河，实属功不可没。

太学是古代的大学，事实上，"太学"之名始于后来的汉代。但夏商周时期时创办的学校，则是具有太学性质的教育机构，只是当时的叫法与后世不同，而且功能也不完备，总之处于初始阶段。

据史料记载，夏代有"庠""序""校"3种学校的雏形。夏代的"庠"就是从舜帝那里继承下来的学校，"序"和"校"则是夏代新增加的。

"序"有"东序"和"西序"之称，在国中王宫之东谓之"东序"，西则谓之"西序"。"序"也是养老的地方，具有和"庠"一样的教化功能。

《礼记·王制》记载：

尧（前2377—前2259年），姓伊祁，名放勋，史称唐尧。公元前2377年农历二月初二，在唐地伊祁山诞生，随其母在庆都山一带度过幼年生活。15岁时在唐县封山下受封为唐侯。20岁时，其兄帝挚为形势所迫让位于他，他就成为我国原始社会末期的部落联盟长。他践帝位后，复封其兄挚于唐地为唐侯，且在唐县伏城一带建第一个都城，以后因水患逐渐西迁山西，定都平阳。唐尧在帝位70年，90岁禅让于舜，约公元前2259年，尧118岁时去世。

■ 夏代宗教教育

夏后氏养国老于东序，养
庶老于西序。

夏代的"序"显然继承了舜帝
时期的教化功能。

"校"，属于地方教育机构，
不在太学之列。它原是用木头或竹
子围成栏格作为养马之所，后来逐
渐演变成为习武和比武的场所。夏
代的"校"也是一种以道德教化为
主要内容的地方教育场所，朝廷在
此推行教令，管理民众。

夏代的教育内容和目的包括军事教练、宗教教育
和人伦道德教育几个方面。

夏代治国者为了加强军事实力，特别注重习射，
以培养武士。当时弓箭是重要武器，成为教练的主要
项目。习射是军事教育的重点，目的是把贵族成员及
其后代培养成为能射善战的武士。

宗教教育以敬天尊祖为中心，比如学习祭祀或宴
飨时的舞蹈及乐器；人伦道德教育，也是学校教育的
重要内容。比如在东序养国老，在西序养庶老。

事实上，夏代的教育内容已经有了"六艺"教育
的基本内容，但并不完善。

"六艺"是指礼、乐、射、御、书、数。礼包含
政治、道德、爱国主义、行为习惯等内容；乐包含音
乐、舞蹈、诗歌等内容；射是射箭技术的训；御是驾

驭战车的技术的培养；书是识字教育；数包含数学等自然科学技术及宗教教义的传授。

商代无疑是一个奴隶制度高度发展的王朝，它有600多年历史。商后期迁都于殷，即现在的河南安阳小屯一带，故商代又称为"殷代"，或称"殷商"。殷商已有学校教育制度，并为考古出土的文物所证实。

据古籍所载，商代有"庠""序""学"和"瞽宗"4种学校。"庠""序"是从前代继承发展而成，其教学内容更为扩充。因为当时祭祀活动和军事征伐都极为重要，所以学校的主要学习内容，就是学习祭祀活动中的礼乐和军事活动中的技术。

"庠"本是养老的地方，到了商代仍有养老的作用，同时也对年轻一代进行道德伦理的教育，如孝顺父母，尊敬兄长等。同时它也是习射的地方。从地下发掘出来的甲骨文，其中一片有关于在"庠"教练射箭的记载，可见"庠"的教育作用到了商代扩大了。

"序"也是养老的地方，还习射及学习"射礼"。商代贵族男子重武习射，常举行射礼，所以"序"也教育贵族子弟，要懂得射箭的礼仪、礼节，并进而明确君臣上下长幼的规矩。

商代的"瞽宗"是学习礼与乐的学校，层次比较高，是当时的高等学校，因此太学性质更加

005

中央官学

太学之本

■ 夏代乐舞壁画

教化于民

大学文化与私熟文化

■ 商代学习礼乐雕刻

甲骨文 又称
"契文""甲骨卜
辞"或"龟甲兽
骨文",主要指
我国商朝后期王
室用于占卜记事
而在龟甲或兽骨
上镌刻的文字。
是我国已知最早
的成体系的文字
形式,它上承原
始刻绘符号,下
启青铜铭文,是
汉字发展的关键
形态。现代汉字
即由甲骨文演变
而来。

明显。据考证,殷商崇尚右,以西为右,所以把大学设在西郊,这样,设在西郊的大学也叫作"右学"。

"瞽宗"原是宗庙。选择有道德的精通礼乐的文官在这里教授贵族子弟。后人以"瞽宗"代表殷商的学校,设在西,故称为"西学"。可见"右学""西学""瞽宗"是同一种学校,即商代的大学。后人也叫商代的大学为"辟雍",也称为"西雍",是学礼乐的地方,这是商代大学的又一名称。

从殷墟出土的甲骨文中,尚未发现"序"及"瞽宗",却屡见"教"与"学"字,如有一片甲骨文卜辞上说:子弟们上学回来,会不会遇上大雨?

占卜是王室的事,遇有大事才进行占卜,贵族子弟上学成为占卜的内容,可见商代对贵族学校教育的重视。

更有趣的是有一片卜辞说:

丁酉卜,其呼以多方小子小臣,其教戒。

"多方"，即多国，"戒"，像人手持戈而警戒，或手持戈而舞蹈，"教戒"，即指习武与习舞，这与殷"序"的习射、"瞽宗"的习礼乐之说相吻合。

这片卜辞反映出殷时邻国多派遣子弟来游学，说明殷时期的大学已经有了周围邻国的留学生在这里学习礼乐了，足见商代学校已相当发达。有人说，这是我国"留学制之滥觞"。

甲骨文字还表明商代已进行读、写、算教学。所出土的甲骨文单字已达4500个左右，形声、会意、假借等进步的方法已普遍使用。这说明商代文字的发展已很成熟，自然会出现长篇文字记录。

商代在天文历法方面已有很大进步，这与数学的发展有关。但当时这方面知识的学习，多是为了便于占卜。甲骨文中的数字已达3万个。出土文物还表明，那时已能进行一般的算术运算，并能绘制一些几何图形，所以数学也已成为教学的重要内容。

卜辞 卜辞或《卜辞》指商代晚期巫师进行占卜活动而刻在牛胛骨、龟甲等兽骨甲壳上的文字记载。殷人占卜，常将占卜人姓名，占卜所问之事及占卜日暮、结果等刻在所用龟甲或兽骨上，间或亦刻有少量与占卜有关的记事，这类纪录文字通称为"卜辞"。

■甲骨文卜辞

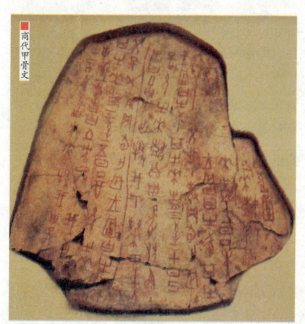
商代甲骨文

由此可见，商代贵族很重视学校教育，设立了贵族学校"庠""序""学"和"瞽宗"。教师是由国家职官担任。教育的内容包括宗教、伦理、军事和一般文化知识。这就是我国最早的官学的雏形。

西周时期是奴隶社会的全盛时期。

西周时期在文化教育上的重要特征是"学在官府"，又称"学术官守"。标志着比较完善的教育制度已经建立。

西周时期的大学分为五学：东为东序，西为瞽宗，南为成均，北为上庠，中为辟雍。这里所说的东、西、南、北学，已经绘出了西周时期的大学组成图案。《礼记·王制》中说：天子的学宫叫"辟雍"。按照后世标准来说，辟雍就是太学。

除了辟雍外，西周时期还有其他的大学。东序、瞽宗、成均、上庠，都是大学。

东学东序，为习舞、学干戈羽龠之所，由乐师主持；西学瞽宗，为演习礼仪、祭祀先王先贤之地，由礼官主持；南学成均，为学乐之所，由大司乐主持；北学上庠，为学书之所，由善书者主持。

这些学校都以明堂为中心合在一起，成为一个大学，并非有好几个独立的大学。

西周时期天子的大学和诸侯的大学其规模和等级都是有差别的。

天子的大学规模较大，结构比较复杂，有辟雍、成均、上庠、东序、瞽宗"五学"；诸侯所设的大学规模较小，它半面临水，称为"泮宫"。

进入大学接受教育有一定限制，只有少数符合资格的人才能享受大学教育。王子入大学的年龄为15岁，因王子15岁行冠礼，标志着已达成年；其他人则15岁冠，20岁入大学。大学的学程为9年。西周时期对入大学资格的限制，体现了当时教育的等级性。贵族子弟按身份入学；平民中的优秀分子经过推荐选拔，方能入学。

西周时期大学不仅是贵族子弟学习之处，同时又是贵族成员集体行礼、集会、聚餐、练武、奏乐之处，兼有礼堂、会议室、俱乐部、运动场和学校的性质，实际上就是当时贵族公共活动的场所。

西周时期"六艺之教"是夏商时期以来教育的

明堂 是先秦时期帝王会见诸侯、进行祭祀活动的场所，是帝王宣明政教、举行大典的地方。凡朝会、祭祀、庆赏、选士、养老、教学等大典，都在此举行。它也是古代历史上最著名的礼制建筑，为儒家的礼制建筑的典范。

■ 周代乐手抚琴浮雕

周代乐手吹箫浮雕

延续，一般认为正式确立于西周的成康时期，形成了完整体系与规模，而且被贵族所推崇，风尚一时。大学学习礼、乐、射、御"大艺"，分科教学以礼乐为重，射御次之。此外还学习《诗》和《书》。国立小学则学习"小艺"书和数。

在大学期间，第一、三、五、七、九学年定期考核，考核内容包括德行和学问与技能两方面。7年告一段落，称为"小成"；第九年考核合格，结束学业，称为"大成"。

对于合格的学生，可以分派官职，奖励爵位和俸禄；对于不合格的学生，经过一系列的劝诫程序之后仍不改悔的，则流放远方，永不再使用。

总之，夏商周三代的大学教育，表明华夏民族以惊人的智慧和能力，开创了古代高等教育的先河。对中华民族的人格塑造和文明传承产生了深远的影响。

阅读链接

成均是西周时期全体氏族成员聚会、娱乐、举行某种规模较大的宗教祭祀活动，氏族首领向氏族成员宣告教令及决定的场所。每次活动，都由大司乐来主持乐礼。此外，这里在夏秋收获季节还用于打场或堆积收获物，是《诗经》中所说的"九月天高气又爽，十月扫清打谷场"之所在。

由于西周时期政教不分，因而后人将上古先民的一系列有助于文明开化的社会活动，看作是社会教化的形式，并将成均之地这类举行活动的场所称为"大学"。

西周时期的大学大艺

公元前1020年一天，周公来到洛邑，全面视察了东都新邑的规划。后来经过一年左右的时间，洛邑建成。为了巩固西周政权，周公总结了夏殷的管理经验，制订了各种典章制度，也就是所谓"制礼作乐"。在洛邑建成后，他召集天下诸侯在这里举行盛大庆典，正式册封天下诸侯，并且发布文告，宣布了新的典章制度。

周公旦 制礼作乐群像画

■ 周代编钟

周公制礼作乐，奠定了古代传统文化的基调。这套制度之所以为后世所称道，因为它是以道德为核心而建立起来的，由此确立了道德在治国理念中的主导地位，这对于古代历史的发展方向，产生了极为深远的影响。

周公的礼乐制度，也为西周时期的大学教育指明了方向，西周时期大学以"礼、乐"为核心，建立起了古代典型的"政教合一"的古典教育官学体系，形成了包含有"射、御、书、数"在内的完整的六艺教育。

在当时朝廷的官学分为国学和乡学。国学专为贵族子弟设立，设在王城和诸侯国都；乡学则按地方行政区域分设，对象是地方的普通贵族子弟及致仕退居乡里的绅士乡官子弟。西周时期大学以"礼、乐、射、御"四"大艺"为主，小学以"书、数"两"小艺"为主。

"六艺"最早出现在《周礼·地官·保氏》记载：

养国子以道，乃教之六艺：一曰五礼，二曰六乐，三曰五射，四曰五御，五曰六书，六曰九数。

意思是说，用道艺来教养王公贵族子弟，就是教他们六艺：一是五礼，二是六乐，三是五射，四是五御，五是六书，六是九数。

六艺之教在夏代教育中已见端倪，至西周时期已成为教育的特征和标志，涉及的范围十分广泛，包括政治、伦理、道德、礼仪等各个领域，内容极为丰富。

"礼"，即礼教，指人在政治生活与社会生活中的道德行为规范、操作技能以及个人素养的训练。学中所教之礼，则为贵族所必需的五礼，即吉礼、凶礼、宾礼、军礼和嘉礼。

吉礼，即祭祀天神、地祇、人鬼等礼仪活动；凶礼指用于吊慰国家忧患方面的礼仪活动；军礼，即国家有关军事方面的礼仪活动；宾礼，即邦国间的外交往来及接待宾客的礼仪活动；嘉礼，即具有喜庆意义及一部分用于亲近人际关系、联络感情的礼仪活动。

乐，是周公制礼作乐的重要促成部分，和礼有同样的教化功能。西周时期大学由大司乐管理教务，但主要是主持乐教，具体负责乐德、乐语、乐舞。乐教是当时针对王公贵族子弟的艺术教育，内容包括诗歌、音乐、舞蹈，其过程寓有多种教育因素。

"乐"，即乐德之教，包括音乐和舞蹈。包含了德育、智育、体育、美育的要求，具有实施多种教育的作用。学中所教之

乡学 招收六乡国人子弟入学的地方学校。根据《周礼》六乡六遂的建制，周代王城和诸侯国都的近郊设家、比、闾、族、党、州六乡；远郊设家、邻、里、酂、县等六遂。居住在六乡的平民，叫国人，他们多为士或庶人，他们的子弟有进入乡学受教育的权利。而六遂不设学校。

■ 大司乐指挥

■ 周代乐手奏乐浮雕

乐，则为贵族所必需的六乐，即《云门》《大咸》《大韶》《大夏》《大镬》《大武》。

《云门》是最古老的舞蹈，相传存在于5000年前的黄帝时期，用以教导舞容舞步；《大咸》又名《大章》，传说是尧帝时修日落之地咸池而作，用以祭祀土地神；《大韶》简称《韶》，又称《九韶》《箫韶》等，是舜时的乐官夔所作的诗、乐、舞三位一体的乐曲，用以歌颂舜帝能继承并发扬光大尧帝的功德；《大夏》也叫《夏龠》，是夏代之前非常著名的一个大型舞乐，周代演变成为了群舞，用以表现与大自然搏斗的乐观精神；《大镬》属于武舞，用以激励征战时的士气；《大武》属于武舞，用以歌颂征战获胜时的喜悦。

"礼、乐"相辅相成互为表里。礼在于约束人们的外部行为，具有一定的强制性；乐则重在陶冶人们的内心感情，是一种潜移默化的作用。

"射"即射箭技术。学中所教之射，则为贵族所必需的五射，即白矢、参连、剡注、襄尺和井仪。

白矢即箭穿过靶子，要求用力适当，恰中目标，刚刚露出白色箭头。参连即先发一矢，后三矢连续而去，矢矢中的，看上去若连珠之相衔，像是一根箭一样。剡注即箭射出，箭尾高箭头低，徐徐行进的样子。襄尺的"襄"读"让"，臣与君同射的时候，臣不与君并立，应退让一尺。井仪即连中四矢，射在靶子靠上的位置，要上下左右排列，射出一个"井"字样。

"御"即精湛的驾车技术。学中所教之御，则为贵族所必需的五御，即鸣和鸾、逐水曲、过君表、舞交衢和逐禽左。

鸣和鸾说驾车马时，驱车则马动，马动则鸾鸣，鸾鸣则和应；逐水曲即驾车经过曲折的水道不能坠入水中；过君表即驾车要能通过竖立的标杆中间的空隙而不碰倒标杆；舞交衢即驾车在交道上旋转时，要合乎节拍，有如舞蹈；逐禽左即在田猎追逐野兽时，要把猎物驱向左边，以便坐在车左边的主人射击。

"射、御"两者属于军事性质的训练，是培养贵族子弟的作战能力。射御之教在夏代学校就十分发达，到西周时期，男孩子长至13岁或15岁后就要学习射御，是培养武士的重要内容。

"礼、乐"和"射、御"有密切联系，在进行射、御训练时，要配合礼、乐的活动。礼与乐除配合射、御的训练，还配合对鬼神的祭祀，即所谓"国之大事在祀与戎"。由此可见，礼、乐、射、御的训练，是为西周时期贵族培养管理人才和军事骨干的教育目的服务的。

周代驾车技术

"书、数"在西周时属于"小艺",是西周时期小学学习的主要内容。

"书"即书法,即书写、识字、作文能力。所谓"六书",是周代人解说汉字的结构和使用方法而归纳出来的6种条例。后世学者将其定名为象形、指事、会意、形声、转注和假借。

"数"是学习算术与数论知识。所谓"九数",是在西周时期就已经出现的"九九口诀",被作为当时的小学数学教材。"九九口诀"后来发展成为了数学上的"九九乘法表"。

西周时期"六艺"既重视思想道德,也重视文化知识;既注意传统文化,也注意实际技能;既重视文事,也重视武备;既要符合礼仪规范,也要求内心情感修养。

西周时期的六艺教育,与后来的孔子整理和传授的6部古籍《诗经》《尚书》《仪礼》《乐经》《周易》《春秋》这"六经"有很大关联。

从古代儒家要求学生掌握的6种基本才能礼、乐、射、御、书、数中,可以看到六经与六艺有一定的继承和发展的关系。由此可见西周时期六艺教育对后世的影响。

阅读链接

西周的"礼"不但在大学教育占有重要位置,在执政者的工作中也是头等大事。

周公曾封于鲁,但为了能在周王身边,他让自己的长子伯禽去管理。周公告诫伯禽说:"我的地位已经很高了。可我时刻注意勤奋俭朴,虔诚待士,唯恐失去天下的贤人。希望你到了鲁地,不要因位高而盛气凌人。"周公为了求贤,曾在吃饭时吐出饭菜急忙去见来访者,也曾在洗头发时握着湿漉漉的头发接待访客。后人用"周公吐哺,天下归心"来形容在位者礼贤下士。

战国时期的高等学校

在战国时期的齐威王田因齐执政时，有一个名叫淳于髡的人，口才很好，很会说话。他常常用一些有趣的隐语来规劝君主，使君王不但不生气，而且乐于接受。

齐国第四代国君齐威王田因齐本来是个很有才智的君主，但他即位3年，却只爱游山玩水，饮酒作乐，朝廷大事从不放在心上。

淳于髡很明白，齐威王是一个很聪明的人，他很喜欢说些隐语来表现自己的智慧，虽然他不喜欢听别人的劝告，但如果劝告得法的话，他还是会

■淳于髡（约前386年—前310年），战国时期齐国著名的政治家和思想家。他长期活跃在齐国的政治和学术领域，上说下教，不治而议论，曾对齐国新兴封建制度的巩固和发展，对齐国的振兴与强盛，对威、宣之际稷下之学的发展，做出了重要的贡献。

■ 齐威王画像

接受的。于是，淳于髡便想了一个计策，准备找个机会来劝劝齐威王。

这一天，淳于髡去见齐威王，他说："大王喜猜谜语，我有个谜语想说给大王听听？"

齐威王一听来了精神，连忙说："你快说说！"

淳于髡说："大王，齐国有只大鸟，住在王的宫廷中，已经整整3年，可是他既不振翅飞翔也不发生鸣叫，只是毫无目的地蜷着翅膀，大王您猜，这是一只什么鸟呢？"

齐威王本就很聪明，一听就明白了：原来是用鸟比喻我啊，说自己像那只大鸟一样，身为一国之主，却毫无作为，只知道享乐。于是，他笑了笑说："这可不是一只普通的鸟呀！它不飞便罢，一飞起来就直冲云霄；它不鸣便罢，一鸣起来就能使人惊奇！"

从此，齐威王以"不飞则已，一飞冲天；不鸣则已，一鸣惊人"的精神，任用邹忌为相，田忌为将，孙膑为军师，进行变法改革。而扩建稷下学宫，就是齐威王改革的一项非常重要的措施。

稷下学宫始建于齐国第三任国君齐桓公田午时。当时由于田氏代齐的时间还不是很久，新生的封建政权有待巩固，而人才又十分匮乏。于是他继承齐国尊

学宫 是学习的地方。"学宫"一词最早在西周时期已经出现，与后世经常使用的"辟雍"一词意义相同，是周天子设立的大学，专门教授国子和贵族子弟的场所。其建筑群平面布局与孔庙形成的庙学建筑群类似。

贤纳士的优良传统，在齐都临淄的稷门附近建起了巍峨的学宫，设大夫之号，招揽天下的贤士。这时的稷下学宫尚属初创阶段。只是到了齐威王、宣王之际，随着齐国国势的强盛，才得以充分发展达到鼎盛阶段。

齐威王扩建稷下学宫是下了很大本钱的。他为稷下先生们修康庄大道，建高门大屋，给予很高的俸禄和优厚的物质待遇。如号称"稷下之冠"的淳于髡有功于齐，被贵列上卿，赐之千金，兵车百乘；孟子被列为客卿，出门时"后车数十乘，从者数百人"；田骈"訾养千钟，徒百人"，也受到尊崇。

齐宣王田辟疆即位后，为了完成统一天下大业，就像其父齐威王那样大办稷下学宫。他对稷下先生们尤为尊崇，给他们极高的政治地位和礼遇，并勉励他们著书立说，展开学术争鸣。

这样一来，稷下学者们参政议政的意识空前强烈，学术研究的自主性、创造性和积极性异常高涨，以至于使稷下学宫成为了当时的政治咨询和学术文化交流中心，是诸子百家争鸣的最重要场所之一，堪称战国时期的"社会科学院"。

稷下学宫容纳了当时许多重要流派，诸如法家学派、黄

孙膑画像

老学派、阴阳五行学派、儒家学派、墨家学派、纵横家学派、名家学派、管仲学派、兵家学派等。

稷下法家学派把管仲的礼法并举的法治思想加以继承、阐发，形成了比较完整的法治思想。稷下法家提倡法律面前人人平等，执法公正，主张德刑相辅，法教统一，反对严刑峻法。

稷下黄老学派的基本体系是由稷下先生慎到、田骈、环渊等创造的，主要著作是《黄老帛书》和《管子》一书中的《白心》《内业》《心术》上下4篇以及《慎子》《田子》《蜎子》等。学术特征为道法结合、兼采百家。

阴阳五行学派又称为"阴阳学派"或"阴阳家"。当时的齐人邹衍将古代的阴阳、五行思想结合起来，称之为"阴阳五行学说"，并在稷下学宫形成了一个影响深远的学派，即"稷下阴阳五行学派"。

儒家学派的代表人物是孟子和荀子。孟子曾两度游齐国，一次在齐威王时，留齐国至少3年之久；齐宣王时再度游齐国，为客卿，受上大夫之禄，留齐国10余年。荀子也曾到齐国游学，长期在齐国居住，至齐政权第七任国君齐襄

■ 孟子画像

王田法章时3次为祭酒，一直是学界领袖。

墨家学派的代表人物宋钘，是齐宣王时的著名稷下先生。他以救世为己任，提出了一系列治理社会的主张，同样令诸子耳目一新。

纵横家学派代表人物是淳于髡，在政治思想方面，他主张礼、法兼用而倾向法治。他以博学善辩著称，被齐威王立为"上卿"，赐"上大夫"之职，为齐国振兴和稷下学宫兴盛，作出了杰出贡献。

■ 管仲画像

名家学派的主要代表人物有尹文、儿说等。他们要求人们按事物的本来面目认识事物，"名"一定要符"实"，反对名实不符。儿说善于辩说，以"白马非马"之论折服了稷下学宫中众多的著名辩士。

管仲学派在稷下学宫中具有举足轻重的地位。《管子》一书博大精深，涉及经济、政治、军事、论理、哲学、自然科学诸多方面，被后世誉为"稷下学术中心的一部论文总集"。

稷下兵家学派对军事理论有深刻的研究，《司马法》《子晚子》就是在齐威王的组织领导下，由稷下兵家学派的学者编著而成的。此外，稷下学宫还有道家、农家、小说家等学派。

稷下学宫首先是朝廷的咨询机构和智囊团。齐

白马非马 是古代伟大的逻辑学家公孙龙提出的一个著名的逻辑问题。在他看来，"白马"与"马"这两个概念不同，"白马"这个概念是既名"色"又名"形"的，而"马"这个概念只是名"形"，故而"白马非马"。这样论述自然是非常荒唐可笑的。

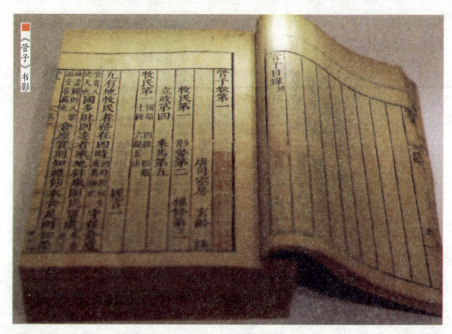

《管子》书影

国君主创办稷下学宫的主要目的，就是利用天下贤士的谋略智慧，帮其完成富国强兵、争雄天下的政治目标。而被稷下学宫吸引来的稷下先生，也大都有着积极参与现实功业的思想。他们高谈阔论，竞相献策，期望自己的政治主张被齐国执政者所接受和采纳。

据史料的记载，齐宣王经常向稷下先生们征询对国家大事的意见和看法，并让他们参与到外交活动中去，以及典章制度的制订，使得稷下先生们充分发挥了智囊团的作用，稷下学宫也因此成为一个政治咨询中心。

例如，齐宣王与孟子曾多次讨论政事，探求统一天下的途径。王斗曾直面批评齐宣王"好马""好狗""好酒"，独不"好士"，直至齐宣王认错，改错为止。这些都显示了稷下学宫的政治功能。稷下先生进言，执政者纳言，是稷下学宫作为政治咨询中心的一大特色。

稷下学宫有规模宏大的校舍，因而便于众多师生开展较正规的教学活动。《战国策》记载田骈有"徒百人"。稷下学宫的前辈学者淳于髡也有"诸弟子三千人"之称。师生常常济济一堂，定期举行教学活动。

稷下学宫有较严密的规章制度。其学生守则从饮食起居到衣着服饰，从课堂纪律到课后复习，从尊敬老师到品德修养，里面都有详细而严格的规定。

稷下学宫还具有独特的教育方式，这就是游学。学生可以自由来稷下寻师求学；老师可以在稷下招生讲学，即容许有学与教两个方面的充分自由。这些游学方式的施行，使学士们开阔了眼界，打破了私学界限，思想兼容并包，促进了各种学说的发展和新学说的创立，大大促进了人才的培养。

另外，稷下学宫还是一个有组织、有聘任、有俸禄制度的学术研究中心，具有各派并立、平等共存，百家争鸣、学术自由，求实务治、经世致用等多方面的特点。

孟子说齐图

古代讲学雕塑

从稷下学宫的施行方针及其成果意义来看，稷下学宫完全可以说是世界历史上真正的第一所大学，第一所学术思想自由学科林立的高等学府。

稷下学宫不仅使古代历史上著名的百家争鸣进入了全盛时期，使齐文化得到了空前繁荣，带动战国时期文化进入黄金时代，而且在学术争鸣中，提出了各具特色的理论体系，直接或间接地影响了战国时期以后的许多学派，是各种思想发展的核心。

秦代以后的思想、学术、文化，几乎都可以在稷下学宫找到源头。可以说，稷下学宫的出现，是我国古代文化发展史上的一座里程碑，也是世界文化史上的辉煌篇章。

阅读链接

古代的思想文化在稷下学宫迅速达到了鼎盛状态，经历了自己的黄金时代，不论对当时还是对后世，都产生了巨大作用。

1993年，湖北荆门郭店楚墓出土了一批先秦时期古竹简，轰动了整个考古界，其中的三组《老子》简是世上最古老的《老子》竹简手抄本，比长沙马王堆出土的帛书《老子》还早100多年。据考证，这批竹书就来自齐国稷下，是稷下思孟学派的教材。公元前311年由出使齐国的屈原带到楚国。可见，稷下学宫理论的传播之远、影响之深。

汉代创立的太学体制

公元前124年，汉武帝在董仲舒、公孙弘等人的多次建议下，延伸商、周及春秋战国时期以来古代教育的发展阶梯，下诏选拔教师和学生，同时在长安修筑校舍，创办了太学。西汉时期长安太学的建立，标志着古代历史上第一所以"太学"命名的大学的诞生。

先秦虽然有所谓"庠""序""瞽宗"和"辟雍"等，但这些都不过是贵族们习礼、祭祀、宣扬政教的场所，还不能算作纯粹意义上的传授知识和研究学问的高等学府。故严格说来，

汉代太学图

自汉武帝设立太学，古代才开始出现具有比较完备形态的大学。

汉代太学在不断发展过程中，在师资、教学内容，以及太学生的来源、学习、考试及生活等各个方面，都取得了历史性的成果。

汉代太学的教师叫博士。博士制度是汉代太学发展的关键。汉武帝设五经博士，教授弟子，从此博士成为专门传授儒家经学的学官。汉代初期，《易》《书》《诗》《礼》《春秋》每经只有一家，每经置一博士，各以家法教授，故称"五经博士"。

汉代太学中博士的数量很少，选拔博士有严格的标准，必须德才兼备，要有"明于古今""通达国体"的广博学识，具有"温故知新"的治学能力，可以为人师表，可以尊为道德的风范。

根据这一标准，各地向朝廷荐举博士。除荐举外，皇帝还亲自召请一些人任博士，有的是从贤良文学或明经拜选为博士的，也有从其他官升迁为博士的。由于严格的挑选，西汉时期太学的博士，一般说来都是德才兼备，学有专长的。

东汉时期，选拔博士还要经过考试，此外还需要举荐人写"保举状"，举荐措施同样体现了对博士的

■ 太学博士戴圣半身像

贤良文学 汉代察举贤良属于特举。是依照皇帝诏令的规定，由公卿诸侯王、郡守等高级官吏举荐，送至朝廷，皇帝亲自过问，分别高下，授以官职。有时一策即毕；有时还有二策、三策。每诏贤良对策者常达百数人。在汉代所有察举科目中，皇帝对贤良方正一科极为重视。

政治、道德、学术、身体等方面的严格要求。后来皇帝颁布的诏书又规定，任博士必须在50岁以上。

由于经过严格的挑选，在汉代太学执教的博士，一般来说质量较高，其中许多是一代儒宗和学者。如贾谊、辕固生、申培公、韩婴、欧阳高、夏侯胜、夏侯建、戴德、戴圣、梁丘、京房等人都曾担任博士，他们的学问都博大精深，由他们执教，对提高教学质量，起了保证作用。

太学博士是专职学官，掌经学传授，同时也参与政事议论或奉使以及巡视地方政教之类。为了协调太学的教学和管理，在五经博士中还设有一位首席博士，西汉时期称"博士仆射"，东汉时期改名为"博士祭酒"。

各门专经博士的人数与设置，则屡有变更和增

博士　古为官名。"博士"最早是一种官名，始见于战国时期，负责保管文献档案，编撰著述，掌通古今，传授学问，培养人才。秦汉时期是掌管书籍文典、通晓史事的官职，后成为学术上专通一经或精通一艺、从事教授生员的官职。

027

中央官学

太学之本

■ 贾谊塑像

贾　谊

（公元前200年－公元前168年）

加。汉武帝时设有7人，汉宣帝时增为12人，汉元帝时增为15人，汉平帝时又增30人，至东汉初年，汉光武帝乃定为14人。

太学教育为适应封建社会治国者的需要，对太学课程的设置作了严格的规范。西汉时期太学的主要教材是经史，以儒家经典"五经"和"三传"作为基本教材。同时，对经义的解释，也作了严格的规范。

"五经"具体指《诗经》《尚书》《礼记》《易经》《春秋》。这5部经典，都是儒家的正统学说。

《诗经》是古代第一部诗歌总集。西汉时期被尊为儒家经典，始称《诗经》，并沿用至今。

《尚书》是最古的官方史书，是我国第一部上古历史文件和部分追述古代事迹著作的汇编。汉代初年，《尚书》仅存29篇，为秦代博士伏生所编，用隶书抄写，被称为《今文尚书》。自汉代以来，《尚书》一直被视为古代封建社会的政治哲学经典，既是帝王的教科书，又是贵族子弟及士大夫必遵的大经大法，在历史上很有影响。因此，成为古代太学生必修科目之一。

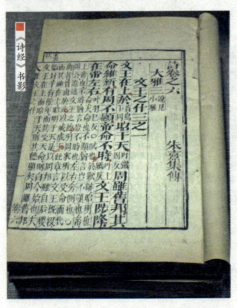

《诗经》书影

《礼记》是古代一部重要典章制度书籍。它的编定是西汉时期礼学家戴德和他的侄子戴圣。戴德选编的85篇本叫《大戴礼记》，在后来的流传过程中大多散佚，至唐代只剩下了39篇。东汉末年，著名学者郑玄为《小戴礼记》作了出色的注解，后来这个本子便盛行不衰，成为历代太学生和士人必读之书。

《易经》是古代一部最古老而深邃的经典之一。西汉时期的学者京房将《易经》作了考证注释，写成了《京氏易传》一书。这样，《京氏易传》与《易经》本经便一同成为了历代太学生和学者们学习的经典。

《春秋》又称为《麟经》或《麟史》，是我国现存最早的一部编年体史书，史料价值很高，是儒家经典之一。

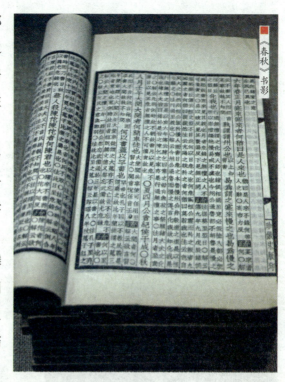

"三传"即《春秋左氏传》《春秋公羊传》《春秋谷梁传》的合称，是儒家的经典著作。

《春秋左氏传》原名为《左氏春秋》，简称《左传》。旧时相传是春秋末年左丘明为解释孔子的《春秋》而作，是儒家重要经典之一。

《春秋公羊传》也称为《公羊春秋》或《公羊传》，着重阐释《春秋》的微言、大义。作者公羊高，战国时期齐国人，相传是子夏的弟子，他诠释《春秋》后，传于公羊平。西汉景帝时期，《春秋公羊传》传至公羊氏玄孙公羊寿及齐人胡母生，才得以"著于竹帛"，流传于世。

《春秋谷梁传》简称为《谷梁传》，是儒家的经典著作之一。着重宣扬儒家思想，重礼义教化和宗法情谊，汉代有人根据口头传说，将它编纂成书，是历代太学生必修的经典之一。

■ 张衡（78年—139年），东汉时期伟大的天文学家、数学家、发明家、地理学家、制图学家、文学家、学者，在汉朝官至尚书，为我国天文学、机械技术、地震学的发展作出了不可磨灭的贡献。

西汉时期太学生称为"博士弟子"或简称"弟子"，东汉时期则称为"诸生"或"太学生"。

汉武帝时期的50名太学生，是由太常选择"年十八以上，仪状端庄"的官宦子弟充当，而从郡国选送的"好文学，敬长上，肃政教，顺乡里，出入不悖"的地主子弟，虽不受名额限制，也可在太学中"受业为弟子"，但只能算作一种旁听生。而且待遇上前者皆有官禄，并享有免役的优待，后者则费用自给，故太学中也往往有一些比较贫穷的学生。

太学生的学习是比较松散的。其学业主要是靠自修。除了正课之外，还可以随兴趣研究其他专经。东汉后期更鼓励学生成为通才，通经越多做官越大，故许多学生都兼通数经。

有些太学生在课外研究自然科学，如张衡、崔瑗就是研究天文学、数学而成为大科学家的。

由于太学生主要依靠自修，所以太学特别重视用考试来督促和检查他们的学业。汉代太学没有规定肄业的年限，只要能通过考试，即可毕业，并按成绩高低来授予官职。

汉代太学有严格的考试制度，这样可使太学生参加多次考试到通五经为止。这有利于把太学生培养成通材。

考试制度规定：

> 一是选材手段；一是督促、检查学生学习的管理手段。不及格者可以留校再考；及格者委任官职的仍可以留校，满两年后参加高一级的考试。

关于考试的方法，主要是射策和对策两种。射策多用于太学内的考试；对策多用于朝廷的荐举。

"射策"，是主试者提出问题，书之于策，覆置案头，受试人抽取其一，叫作"射"；按所射的策上的题目作答。射是投射之意。射策根据难易程度分为甲乙两科，每科规定录取名额。

"对策"又称"策试"，就是把策题书于简册之上，使应举者作文答问。策问有君主"求言于吏民"之意，策题一般以政事、经义等设问；答策则相当于"应诏陈政"，

简册 古代用于书写的材料。多用竹或木制成。简是狭长竹木片。若干简编连起来就成为册。在植物纤维纸流行以前，简册是主要的书写材料。周秦汉各代都是简、帛并用的。但帛的价值高，远不如简册使用得普遍。东汉中期蔡伦造纸以后，纸开始成为重要的书写材料。

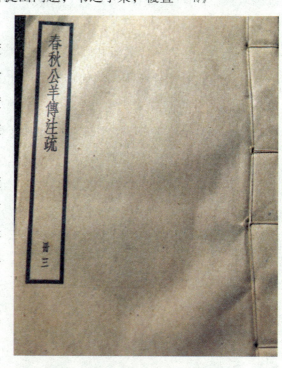

■ 古籍《春秋公羊传》

董仲舒建言汉武帝

发表政见。例如董仲舒以贤良文学科被荐举，就与汉武帝进行过三问三对。

由于太学生有关心政治和国事的政治素质，他们也往往把自己置身于社会重大政治斗争中。例如，东汉后期的两次党锢之祸，就是以太学生为主力的士人反对宦官的流血政治运动。此外，太学还有意识增加学生的社会实践环节，如东汉时期和西晋时期在皇帝举行乡社典礼时，礼生即都以太学生充任。

太学生学习采取单科结业方式，结业后的分配，根据博士弟子成绩即通经多少量才而用。比如东汉末年曾诏令规定：

学习满两年，试通二经者，补文学掌故。不能通者随后辈试，通过亦得为文学掌故；已为文学掌故者，满二年，考试能通三经者，擢高第为太子舍人，不能通过者随后辈试，通为高第者，亦得为太子舍人；已为太子舍人满二年者，考试能通四经者，推其高第为郎中，不得第者随后辈试，通过者亦得为郎中；郎中满两年，试能通五经者，推其高第补吏，随才而用，不得第者，随后辈复试通过后亦得补吏。

以上规定，主要为对公卿子弟的一种特殊待遇。太学中的贫寒学生学业满后，很多都是返回乡里从事教学工作，他们可以在地方被聘请为官吏，也可通过举孝廉等方式入京为官。

汉武帝以后，由于汉代朝廷的不断重视，太学得到了迅速发展。首先从校舍上看，汉代太学初建时，只有博士弟子50人，五经博士分经教授，不需要固定的校舍。后来，太学生不断增加，就需要修建校舍了。古代最早大规模地修建大学校舍是在汉平帝时开始的，当时为太学生修建了能容万人的校舍。

东汉朝廷迁都洛阳，汉光武帝刘秀于29年于洛阳南门外重建太学，一时间，各地学子纷纷来太学就读，从而形成了"诸生横巷"的盛况。校内建有宽敞的讲堂，还建了博士舍。后因政治动乱，太学一度衰落。汉顺帝时期采纳左雄等

汉代考试场景

人的建议,修整太学,建造了240套房,1850间室,校舍达到了前所未有的规模。

至汉明帝时期,其尊师重教,以太学为核心的学校教育便更为发达。汉明帝曾亲临太学行礼和讲经,场面宏大,观者以万计。

汉明帝崇尚儒学,大力发展教育,自皇太子、诸王侯及功臣子弟,莫不学习儒家经典,而且令期门、羽林之士通《孝经》章句,当时的匈奴也遣学子前来学习。

汉质帝本初元年,皇帝下诏要求大将军以下至600石官员皆遣子入太学进行学习。因此,太学生曾激增至3万余人。这样规模的大学教育,在1800年前的中外教育史上是绝无仅有的。

汉桓灵时期,由于代表皇权的宦官集团势力增强,他们为了培养听命于自己的知识分子,就支持汉灵帝创办了"鸿都门学",以与太学相抗衡。这使得太学的地位不断下降,同时学风也深受影响。

在这种情况下,著名文学家蔡邕等人建议汉灵帝诏诸儒正定儒家经典,便于175年将其刊于石碑,为古文、篆、隶三体书法以相参验,树之学门,作为学者的准则。这就是历史上著名的

■ 汉明帝画像

《熹平石经》。但尽管如此，太学的发展仍然是江河日下。至东汉末年，由于战乱频仍，太学便基本停止了教学。

汉代时期太学，是我国历史上首次出现的官办最高学府。它的出现，不仅确立了儒学在古代社会教育中独尊的地位，同时也在教育制度、设施、内容、形式等各方面为后世提供了基本的框架。因此，太学在我国教育史，乃至世界教育史上都具有重要意义。

阅读链接

汉代立五经于学官，置十四博士。各家经文皆凭所见，并无供传习的官定经本。博士考试亦常因文字异同引起争端，甚至行贿改兰台漆书经字。

东汉灵帝时期，著名文学家蔡邕等人建议将儒学经典《周易》《尚书》《鲁诗》《仪礼》《公羊传》《论语》《春秋》刻石建于太学，隶书体，于是，参校诸体文字的经书，由蔡邕等书石，镌刻46通碑，立于洛阳城南的开阳门外太学讲堂，世称《熹平石经》。字体方平正直，中规入矩，极为有名。

汉代太学的优良学风

汉代太学培养了师生良好的行为规范和思想道德风尚。在对待教师上，给予太学博士较高的经济待遇和政治待遇；在精神面貌上，注重尊师重道，讲究学术传承；在治学上，强调通经致用，并倡导学术研究和争论，太学生本身学习也相当勤奋。这些都是汉代太学值得称道的优良学风，至今仍有闪光之处。

汉代讲学画像砖

汉代太学博士享有较高的经济，属于"高官厚禄"之爵。博士的俸禄开始时为400石，汉代一石折合现在的120市斤。汉宣帝时增至600石，俸月为50斛，汉代一斛为10斗。

600石是秦汉时期官

吏级别高低的界线。睡虎地秦简中的《法律答问》记载"六百石吏以上皆为显大夫"。《汉书·惠帝纪》记载，"吏六百石以上"享有减刑减赋的优待。《史记·叔孙通列传》记载，汉代的600石以上可以朝驾。可见博士600石，属"高官厚禄"之列。

■ 汉代讲学图

太学还建有"博士舍"供博士们居住。《汉书·王莽传》记载，太学扩充时，人员增加数十倍，"为学者筑舍万区"。《后汉书·翟酺传》记载汉光武时"起太学博士舍"。可见汉代的太学内建有专供博士们享用的宿舍。

朝廷还为太学博士特别制作衣冠。朝廷又经常赏给博士酒肉，谓之"劳赐"，表示尊师重道。可见博士们有较优厚的经济待遇。

博士从先秦时期设置以来，其职掌是不断变化的。至汉武帝时期博士已经具备了议政、制礼、藏书、教授、试策、出使等6项职能。

议政，就是参议朝政和做顾问。两汉时期博士议政的内容相当广泛，包括内外政策、刑法、教育、宗庙等，甚至处罚大臣、废立诸侯王以至废立皇帝等大事都参与。

制礼，就是制订礼仪。这是维护封建皇权的一项

睡虎地秦简 又称"睡虎地秦墓竹简""云梦秦简"，是指1975年12月在湖北省云梦县睡虎地秦墓中出土的大量竹简，这些竹简写于战国晚期及秦始皇时期，其内容主要是秦代时的法律制度、行政文书、医学著作以及关于吉凶时日的占书，为研究古代书法、秦帝国文化的发展历史提供了翔实的资料，有重要学术价值。

■ 汉代宫廷礼仪画

朝仪 是古代帝王临朝的典礼。按规定：天子面向南，三公面向北以东为上，孤面向东以北为上，卿大夫面向西以北为上，王族在路门右侧，面向南以东为上，大仆大右及大仆的属官在路门左侧，面向南以西为上。朝仪之位已定，天子和臣子行揖礼，礼毕退朝。

重要措施。自叔孙通为汉制订朝仪之后，博士在各个时期都负有制订、修改礼仪的职责。

藏书，即博士掌管国家藏书。博士掌管图书资料，与他们的议政、制礼的职责是密不可分的。

教授，即教授弟子，甚至进宫教授皇帝或太子。例如博士韦贤以《诗》教授汉昭帝，汉成帝做太子时，曾诏请博士郑宽中和张禹同时分别教授《尚书》和《论语》。

试策，即对应试者有评审和初选权。汉代选拔官吏有两种方法，一种是"试策"，即地方察举到朝廷的各科人才，要经过试策之后才能任职。试策由博士主持；另一种是皇帝亲自出题阅卷，称为"对策"。对策也要先由博士、太常提出初审意见，再呈皇帝裁决。

出使，即完成皇帝交给使命，有时去国外，有

时在国内。自汉武帝派博士公孙弘出使匈奴，以后相沿成例，如汉武帝时期5次，元帝时期3次，汉成帝时期4次。这国内出使，任务大体如《汉书·魏相传》所说"察风俗，举贤良，平冤狱"等。

从这些职能看，说明博士在社会上的地位是不低的，他们享有较高的政治待遇。

汉代太学注重学术传承。汉代太学的经学传授系统，是严格按照师法家法进行的。严格的师法家法，使师生之间的关系紧密地联系起来，开创了求师问学和尊师重道的学风。因此，教师的学术被视为弟子学术的渊源，弟子的学术被视为教师学术的延伸。这种学术继承关系颇类似血缘继承的父子关系。

太学经师去世，弟子门生不论处何方、居何职，均有奔丧服丧的义务。经学大师乐恢、楼望、郑玄等去世时，会葬者就达到了成百数千人。如太学生戴封的教师申君，东海人，病逝于太学，戴封亲自送丧到东海。戴封路经家们时，父母准备为他娶妻，但因师丧在身，

■ 授经图

书院教育 是古代一种教育方式，起源于先秦时期，后世将这种教育方式发扬光大。古代书院教育具有鲜明的特点：强调道德教育，反对追逐名利；着重尊师爱生，建立师生情谊；尊重学术自由，扬弃门派之见；提倡学术创新，否定死守陈说。是优秀的教育传统，影响深远。

只"暂过拜亲，不宿而去"。这种远赴师丧的风气，影响后世甚深。

汉代太学还采用了一种新的教学模式，就是既在大班上课，也采取以高足弟子传授低年级学生的方法。这主要是由于学生太多而教师和课堂太少的缘故。

在当时，尽管太学里已经有了很大的讲堂，可以数百人同时听讲，但随着学生的激增，也仍然无法满足教学的需要。所以，若"一师能教数千百人，必由高足弟子传授"。

正因为不能进行较多的课堂教学，太学博士都注重学生的自修，并允许向校外的经学大师请教。如王充在太学受业时，就曾拜史学家、文学家班彪为师。

太学中鼓励根据个人兴趣自由研究。太学生中的优秀者于"五经"之外，还研究天文、数学等自然科学。太学中也因此出了不少大学问家和大科学家。

这种培养方式为以后书院教育所继承，成为古代教育一个优良传统。由此也可以看出，汉代太学尊师蔚然成风，与恪守师法家法有着逻辑上的必然联系。

汉代太学教育的一条重要原则就是"通经致

用"。教育的内容是儒家的"五经","通经"是为了"致用"，把培养人才和选拔任用人才结合起来，通过培养具有儒家思想修养的人才来为国家服务。

太学博士公孙弘曾经拟订了"文学礼义""通一艺以上"的方案，作为从太学选拔官吏的依据。也是太学生补官、晋级的条件，而且优先使用"诵多者"。

事实上，自汉武帝时期后，"三公"多是精通儒经的，诸如：韦贤，号称邹鲁大儒；匡衡因专长于鲁诗，位至丞相；贡禹由于通经，征召做博士，官至御史大夫；薛广德以经行位至"三公"等。当时社会上有谚语说：

遗子黄金万两，不如教子一经。

■ 授经图

■ 桓荣画像

太学的教师们都以做官来鼓励努力求学,如《汉书·夏侯胜传》记载,夏侯胜在讲授说,常对诸生说:士人最怕不明经术。一旦明通经术,取高官显爵就非常容易。假如不明经术,不如回家种地。这生动地反映了通经术可以飞黄腾达的情况。

东汉时期的情况也是如此,最著名的是桓荣以研究《欧阳尚书》而世代为高官,富贵荣华,致使以前曾讥笑其读经无用的同族桓元卿大为感叹。"通经"可以做官,这是"致用"的一个方面;另一方面,做官之后,又可利用经学的知识,为治国者制订各种政策提供理论依据。

在当时,人们不论做什么事情都要到经书中去找依据,上自朝廷的封禅、巡狩、郊祀、宗庙一类大事,下至庶民的"冠婚吉凶,终始制度",都以儒家经典为准绳。官僚上朝言事、礼仪外宾,缙绅大夫待人接物、举措应对,都必须引经据典。就连皇帝的诏书,也引用经典。吏员们则用经书来代替法律,"春秋决狱"就是典型事例。

儒学与仕途结合,培养造就了不少忠义之士,他们敢于为民请命,直言极谏,又以儒学律己,修身励志,保持高尚的道德操行,这是太学通经致用教育的又一重要表现。如汉哀帝时期的鲍宣，曾经冒死阻止丞相官属行于驰道，并拒闭朝廷使者，被载入史籍。

太学通经致用的教学原则，曾经起过积极的作用，它密切了教育与政治的关系，培养了一批具有儒家思想观念和道德修养的知识分子，这些人是维护封建大一统的中坚力量。

在强调尊师重道和经世致用的同时，汉代太学也积极倡导学术研究和争论。从有关记载看，这种学术活动相当活跃和自由，既可以不受身份、地点的限制讨论某一专经，又可以讨论各种专经与学派，对太学的发展和学风都产生了很大影响。

比如，朱云曾经跟从博士白子友学习《易经》，又师从前将军萧望之学习《论语》。汉元帝想考辨"梁丘学"与其他各家解说的异同，就命令著名学者五鹿充宗与《易经》学各家辩论。

五鹿充宗恃宠而善辩，诸儒不能与他相抗衡，都借口有病不敢与会。这时，朱云提衣登堂，昂首提问，声音震动左右，接连驳倒了五鹿充宗。所以诸儒为他编了一句话说："五鹿高又高，朱云折其角。"由此朱云担任了博士，迁为杜陵县令。

前将军 古代官名。战国时期已有。秦代沿之。汉代不常置。金印紫绶，位次于上卿。职务或典京师兵卫，或屯兵边境。汉代末期以后，将军名号繁多，名称素朴之前、后、左、右之类，逐渐废弃。三国时期常设的高级将军位。负责京师兵卫和边防屯警。位次于九卿，而高于其他临时设置的杂号将军。

■ 竹简书《易经》

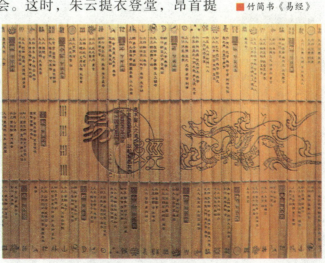

■ 王充画像

再如，汉宣帝时的石渠阁会议，是汉宣帝为了进一步统一儒家学说，在长安未央宫北的石渠阁召集的一次学术会议。当时的名儒萧望之、刘向、韦玄成、梁丘临、林尊等，都参加了讲论"五经"异同。由汉宣帝亲自裁定评判。石渠讲论的奏疏经过汇集，辑成《石渠议奏》一书。

经过这次会议，博士将《易》增立"梁丘"，将《书》增立"大小夏侯"，将《春秋》增立"谷梁"。

再如，汉章帝时期的白虎观会议，在讨论过程中也都有博士参加。汉章帝将大夫、博士、议郎、郎官及诸生、诸儒集会白虎观，讲义"五经"同异。五官中郎将魏应承制问，侍中淳于恭奏，汉章帝亲临现场，裁定对错，决定取舍。这样一连数月，问题才得以解决。

这次历史性会议结果的集中体现，是《白虎通义》，又称《白虎通德论》《白虎通》等，是班固作为史臣对当时的白虎奏议加以系统整理的结果。

从某种意义上说，汉代博士的说经与争论已成为太学教学的基本形式。它不仅有力地促进了经学研究，而且培养了太学的论辩精神，为提高教学水平和造就高素质的人才奠定了坚实基础。

太学生的学习劲头是很足的。一方面是因为必须通过严格的考试，才能进入太学，另一方面，在太学学习，是一条通经入仕的利禄之路，所以他们的学习是十分勤奋的。

东汉时期大学者王充，年少时以孝著称乡里，后到京师太学学习。他"好博览而不守章句。家贫无书，常游洛阳市肆，阅所卖书，一见辄能诵记，遂博通众流百家之言"。后来，王充成为著名的学者、思想家，并著《论衡》85篇，20余万言。

太学生的勤奋好学，还表现在他们能够克服生活的困难，坚持学习。诸如：西汉太学生倪宽，家贫无资用，靠替同学烧饭以自给；翟方进从师于太学博士学习《春秋》，经过10多年，对经学研究得极为透彻，门徒日众，京师诸儒极为称赞；公沙穆幼年家贫，立志为学，潜心攻读《韩诗》和《春秋公羊传》，并研究当时盛行的谶纬之学，逐渐学有所成，许多学者不远千里来到他所隐居的东莱山中拜访他。

有些太学生能够除外界干扰，专心苦读。《后汉书·循吏传·仇览》记载仇览学习的故事：仇览进入太学，当时生员中同郡的符融有很高的名声，跟仇览的房子挨着。在宾客满屋时，仇览常常坚

■ 朱云画像

《论衡》为东汉时期思想家王充所作，大约作成于汉章帝时的86年，现存文章有85篇。此书不仅对汉儒思想进行了尖锐而猛烈的抨击，而且对先秦诸子百家的"天道""礼和法""鬼神与薄葬""命""性善和性恶"等，都进行了系统的评述。因此，后人称《论衡》，是"博通众流百家之言"的古代小百科全书。

045

中央官学

太学之本

守自己的心志，不跟符融谈话。

符融观察他的容貌举止，内心唯独认为他与众不同，就对他说，"我和您是同乡，房子相邻，现在京城英雄从四方聚集，是志士结交之时，您虽然致力于守住学业，为什么这样坚定？"

仇览于是面色严肃地说："天子设置太学，难道只是让人们在这里闲谈吗？"然后向符融高高地拱手施礼离开，不再跟他说话。

像仇览这样的太学生还不乏其人，如魏应到京城洛阳，投博士门下受业，习《鲁诗》。闭门苦读，不事结党交游，受到京城学界称誉。这种闭门读书，不拉帮结派的风气是值得称道的。

汉代太学生很重视同学情谊，有的甚至以妻、子相托或以身相托。比如，张堪以妻子托朱晖，在张堪去世后，朱晖闻知其妻子贫困，就亲自前往探视，并厚加赈济。这在当时的历史条件下确实是难能可贵的。

汉代太学正是由于培养了优良的学风，因而为朝廷培养了大批官吏和官吏的后备力量，并在促使儒学成为古代封建社会的主流思想，从而巩固封建政权等方面起到了重要作用。

阅读链接

东汉时期大臣戴封曾在太学学习时，与他一起学习的石敬平害热病去世，戴封照料他并为他收殓，将太学配给自己的粮食卖掉，买来一口小棺，将灵柩送到石敬平的家。敬平家中重新收殓，发现敬平走时所带的书籍衣服都在棺木里面，从而大为惊异。

戴封后来遇到强盗，财物全被掠夺，只留下7匹丝帛，强盗没有发现。戴封就追上去送给他们，说："知道各位不宽裕，所以送给你们。"

强盗震惊说："这是有才德的人啊！"于是，将东西全部还给了戴封。

魏晋南北朝时期的太学

魏文帝画像

189年初春，东汉灵帝驾崩。各地势力借此机遇，风云际会，由此揭开了古代历史上魏晋南北朝长达近400年分裂割据的序幕。

魏晋南北朝是古代历史上的一个重要时期。它上承秦汉文明，下开隋唐文化之先河。在教育发展上也是如此。各政权设立太学，并制订其相关制度和内容，开创了古代教育史上的新时期。

在社会变动的情况下，教育与该时代经济、政治、文化

■ 魏晋时期博士雕塑

的总体发展是分不开的。就太学而言，各政权的太学设立情况各有不同。

魏文帝于224年在洛阳初立太学，以适应曹魏集团的需要。当时依汉制设"五经"策试之法，通过考试的可补掌故、太子舍人、郎中等。

蜀国历乱时学业衰废，定蜀后方设立太学。孙吴虽设国学较早，直至258年方立五经博士，故其太学的功用甚微。

两晋时期太学时断时续。大体上看，西晋时期朝廷由于实现了短期统一，教育呈现了短暂的繁荣。西晋时期本有太学，太子也本在太学读书，但又立国子学，并将太子迁入国子学。国子学在北齐时期被改为"国子寺"，其后延至清代。东晋时期朝廷国学设立虽早，但每临战乱随即解体。

南北朝时期，各少数民族上层的汉化，为汉文化教育向各少数民族中下层的广泛传播提供了条件。他们在各自的国内，援引汉族名儒，设立学校，汉文化教育没有因民族斗争而覆没。

如前赵、后赵时期皆设立太学，重视人才的培养。前秦时期苻坚亲临太学，检查诸生的学习成绩。后秦时期姚苌立太学，为的是礼先贤之后。北魏时期不仅太学昌盛，而且郡国学制也普及甚广，使大批中下层汉族和少数民族人民获得受教育的机会。

整个魏晋南北朝社会太学的发展虽有曲折，但也绝非完全衰落。问题还在于我们着眼于什么样的角度和态度去看待它。或许可以说，没有这400年的太学及其他教育形式的发展变化历程，也不会有隋唐文化教育的鼎盛。这是各族人民共同努力的结果。

魏晋南北朝时期，学校教育制度的演变是个重头戏。其中包括与太学相关的制度。

曹魏太学正式创立于魏文帝时期，在三国之中当属最早。魏文帝对太学十分重视。他不仅创立太学，而且奉孔子祀，令鲁郡修起旧庙，置百户吏卒守卫，又于其外广为室屋，以居学者。他不仅自著《典论》《皇览》等著作，而且常常召集诸儒，谈论经文，侃侃不倦。

魏明帝对太学也尤为重视，他曾亲临太学，与博士辩论经义，提出问题，让博士解答。并令群臣皆当研习古义，修明经义。228年下诏令郡国尊儒贵学，高选博士，230年又下诏要求郎官学通一经，才能被任用。

曹魏太学在编制方面，在博士中择聪明者一人为博士祭酒，总管太学学业诸事。

■ 魏明帝画像

■ 国子监太学匾额

太学博士选拔是侍中、常侍中的儒学最优者。太学生初有数百人，后来增加到几千人。太学生入学年龄约是15岁，如钟会、刘馥都是15岁便入太学。

曹魏太学比后世进步之处在于对入学者的家世背景审查不严，太学生入学后只按年龄长幼排定次序，而不是父兄的官位。一些朝廷和地方官吏也为太学荐引了一批人才。如雁门太守牵招从郡中选有才识者到太学受业。这些都可以看出太学绝非被高门独占。

曹魏太学的考试制度与文官考试任用制度合一。具体是：

刚入学称为"门人"；满两年并通一经者称"弟子"；两年之内不通一经的即被勒令退学；如两年通两经者，可以补掌故之官；满三年通三经者，可升迁为太子舍人，不通者可留级再考，如果通过也可获郎中之职。

曹魏太学的时候还有一些校规，如以年龄长幼而非父兄官职排次序，学生对师长不得无礼，不准酗酒好讼等。

谶纬 古代谶书和纬书的合称。谶是秦汉时期巫师、方士编造的预示吉凶的隐语，纬是汉代附会儒家经义衍生出来的一类书，被汉光武帝刘秀之后的人称为"内学"，而原本的经典反被称为"外学"。谶纬之学也就是对未来的一种政治预言。

蜀太学也立博士，如尹默、许慈子孙皆承其祖业而立为博士。蜀的学术风气以古文经学为主。这种学风说明儒家古文经学依然是蜀国学术的重点。但在蜀地太学中，术数、谶纬之学和今文经学也掺杂其间。

孙吴国学体制大体与蜀相同，有博士制。孙吴的学风以今文经学为主，承汉代之余风。

魏晋易代，在教育制度上基本承袭魏制，至少在晋代初期没有大的变化。270年晋武帝亲临辟雍，行乡饮酒之礼，并赐太常博士、学生帛牛酒各有差，表明太学仍存，未加更动。博士也按魏制，设19人。

晋武帝对太学的整顿始于272年。当时因太学生过多，约7000人，诏令已试经者留之，其余遣还郡国。大臣子弟堪受教者，令入学，虽经沙汰，仍留有3000人。

西晋时期教育体制的重大变化，是为五品以上官

术数 是古代道教五术中的重要内容。术数以阴阳五行的生克制化的理论，来推测自然、社会、人事的"吉凶"，属《周易》研究范畴的一大主流支派。把《周易》分门别类地以"义理""象数""数术"等严格地划分开来认识、来研究，其实是后人"各取所需"而造成的。

■ 讲学画像砖

■ 太学老师

僚子弟专设了国子学，形成了贵族与下层士人分途教育，国子学、太学并立的双轨制。

291年，西晋时期把太学和国子学明确区别开来；学官第五品以上方可入学；天子行礼应去国子学而非太学；太子也应离太学而入国学。

西晋时期的太学及国子学仍由祭酒和博士职掌。教学内容的核心仍是儒家经学，于礼学尤为重视。如霍原曾观太学行礼；晋武帝、晋惠帝皆临太学行乡饮酒礼，并祠孔子。根据国子祭酒所奏刻写石经，课程设置大体与魏相同。

整个东晋时期朝廷，教育始终处于时兴时废的状态。317年，晋元帝置史官，立太学。319年又置博士员5人，并使皇太子于太学讲经行释奠礼。博士不复分掌"五经"，而总称为"太学博士"，说明汉代经师专一经的学风已经改变，博士可以通诸经而非一经。在博士下设助教以教生员，课程设置为古文经学。

东晋时期，太学虽立，但因当时生员崇尚庄老，于儒训不用心，再加上玄、佛之风，从整个价值观念上动摇了青年人求学进取的精神，还有政局变动，兴废不断，故而成效不大。

西晋时期之后，北方各少数民族纷纷进入到了中原，建立起带有民族色彩的国家。其中有几个政权在太学建设方面值得一提。

前赵国的刘曜立太学于长乐宫东，设祭酒，教师为宿儒，这都大体与魏晋时期相似。刘曜对太学颇为重视，他曾亲监太学，引试学生，优秀者可为郎中。他还命公卿举博识直言之士，然后亲自策试，合格者即拜官。这些说明了刘曜注意以教育来选拔人才，来巩固自己的政权。

后赵时期对教育比较重视。石勒于313年立太学于襄国，即现在的邢台，选将佐子弟300人为太学生。他还命郡国立学官，每郡置博士、祭酒2人，学生150人，经过考试合格者可拜为官吏。

南燕的建立者慕容德即位后即建立学官，公卿以下子弟及二品士门200人为太学生，南燕时期教育带有明显的门阀气味可由此看出。

前秦时期对人才和教育的重视从苻坚开始。他于即位之初即大兴学校，创办太学，并召郡国学生通一经者和公卿以下子孙入校学习。苻坚给予学校太学以高度重视。362年，苻坚亲临太学，考学生经义优劣，问难五经，博士多不能对。从此后，他每月去太学一次，从而使太学的学习风气大为好转。

成汉政权建立者李雄立国后，在国内兴学校，置史官，广太学，使成汉的学校教育保持了较长的持续性。

整个十六国时期，学校教育的持续性被打乱。但是以儒学为核心的传统教育并未断绝，无论

刘曜画像

四门小学 国立学校名。北魏孝文帝太于496年置四门小学博士。四门小学在北魏末期并没有真正发挥作用。北齐时期循北魏制度，设国子、太学、四门学，至唐代四门小学逐渐演变为大学性质的朝廷学校，不再针对宗室子弟，转为面向低级官僚子弟及一般百姓。

各少数民族国家或汉人建立的国家，均视之为教化的重心。这对推动民族融合有着巨大的历史意义。

南朝时期的学校教育重在国子学。但南朝时期刘宋建立专科学校，并制订分科教授制度，打破了古代传统的以经学为唯一课程的学校教育制度，对后世影响很大，是隋唐时期专科学校发展的萌芽，乃至为后代分科大学之权舆。

南朝萧齐时期和南朝萧梁时期也以国子学为重。南朝陈时期的朝廷官学则是国子学和太学并立。

在北朝的北魏时期，朝廷学校有太学、国子学、四门小学，形成了太学、国子学、四门小学三学并立之制。

北魏道武帝始建都邑，便立太学，置五经博士生员千有余人。北魏太武帝即位后，于426年又另起太学于城东，并征北方名流范阳卢玄、博陵崔绰、赵郡李灵、河间邢颖、广平游雅、太原张伟等贤俊之胄为博士，并令各州郡荐举才学之士，久历战乱的北方，儒学由此而兴旺起来。

北周政权的学校教育虽不算鼎盛，但也取得一些成就。北周诸帝对教育十分重视，尊师重教，奖掖后学。北周文帝雅好经术，在即

■ 北魏时期小学讲课雕塑

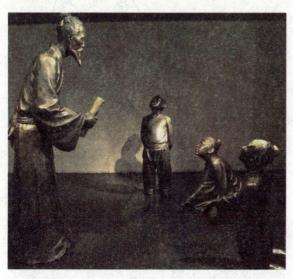

皇帝位前，就常去太学看望。北周武帝掀起了自北魏以来的第二次儒学高潮。他不仅自己亲自讲经，且针对儒学与佛、道二教的矛盾，让人广泛讨论，以求共识。这对教育的发展是十分有益的。

■周武帝雕像

魏晋南北朝时期，太学的教育内容，虽然其间有玄学、佛学等的参与，但从当时的总体情况来看，还是以儒为宗。比如有些执政者及若干儒臣在四面玄风、佛风中一度呼喊笃道崇儒，以至于儒家经典仍然是教育培养人才的根本。

总之，魏晋南北朝时期，虽长期处于分裂状态，但在性质上，与两汉政权并无二致，缺少的只是长期的大一统而已。所以，各个政权的基本教育制度仍与两汉一脉相承，因而儒学仍然是各个政权的基本主导思想。

阅读链接

曹丕在位时间只有短短7年，兢兢业业地做了很多事的。曹丕的诗歌成就很高，是"建安文学"的中坚力量。他的开创性举措是创立了九品中正制，开创了士族政治之先河。

曹丕重视文教的建树值得一提。他于221年，下令人口达10万的郡国要每年察举孝廉一人。同年，他又重修孔庙，封孔子后人为宗圣侯。224年，他恢复太学，置五经课试之法，设立春秋谷梁博士。在短期内使封建正统文化复兴。他还修复洛阳，营建五都，推广儒学文化。

隋唐时期太学的发展

  隋唐时期，被称为封建社会的盛世，诸朝君主重视教育，在继承前代尊孔崇儒文教政策的同时，扩大了学制、行政建制，还在教育管理方面订立了一系列制度，并且开创了科举考试制度。教育的极大进步，使古代太学发展进入一个新的历史阶段。

  隋代教育制度颇有建树。首先是设立了朝廷的教育管理机构国子监。国子监由北齐的国子寺发展而来。国子监设祭酒一人，为全国最

■唐代釉陶算珠

高教育行政长官；设丞、主簿各一人，负责管理学生的学习成绩和学籍等事宜。

■ 隋唐士子科举图

其次是在国子监设朝廷官学，有国子学、太学、四门学、书学、算学，被称为"五学"。此外还设有律学，属大理寺管辖。

国子学的生源是贵族及高官子弟。太学的生源门第低于国子学，以教授"五经"为主要内容。四门学生源是庶族子弟，教授"五经"。书学和算学都是隋代创设的。书学招生对象是庶族子弟，教授内容是汉字的"六书八体"，是培养书法人才的专门学校。算学也培养天文、历法、财务、工程方面的专业人才。

唐代沿袭旧制，并将国子学、太学、四门学、律学、书学、算学等不同类型的学校，称为"六学"。学习内容总体情况是：国子学、太学、四门学学习儒

大理寺 古代官署名。掌刑狱案件审理。秦汉时期以廷尉主刑狱，审核各地刑狱重案。汉景帝、汉哀帝和东汉汉献帝，以及南朝梁武帝时期4次改为大理，均仍复旧。北齐时期定制，以大理寺为官署名，大理寺卿为官名。隋代以后沿用。

■ 唐代学生雕塑

学经典，律学学习《唐律》，书学学习字书，算学学习数算著作算经。唐高宗时的662年，又在东都洛阳设立了一个国子监，与长安国子监合称"两监"。

在国子监的统一领导和管理下，唐代太学随着朝廷官学教育行政管理制度的健全，其教学管理逐渐成熟，形成了较为完善的教育教学制度。

唐代太学教师有博士、助教、直讲几种，都是朝廷有品级的命官。博士分经或分专业授课，直讲辅佐助教，依次督课授业。博士一经开课，一门课程没讲完不得调离或充任他职。

唐代太学师生皆有定额，太学博士6人、助教6人，学生500人。其他朝廷官学也有定额，如国子学博士7人，助教、直讲各5人，学生300人。这些都被载之于《唐六典》和《唐律》等法律条文，必须严格遵守。每年学校招生数额根据当年毕业离校的学生数来确定，以保持定编不变，教学秩序比较稳定。

唐代太学制订了教官考课制度。博士、助教，皆以当年讲授多少作为评定等级的标准，还注意从教官的业务水平、教学效果、工作态度等方面进行考核。助教在任职时间内成绩优良者可以升任博士，博士在

《唐律》 唐代法律的总称。主要是武德时期的《武德律》《武德令》《武德式》，贞观时期的《贞观律》《贞观令》《贞观格》《贞观式》，永徽时期的《永徽律》《永徽律疏》，开元时期的《开元律》《大唐六典》，大中时期的《大中刑律统类》。

任职时间内治教有方官职也可以上升。

唐代太学的这种升迁，必须经礼部核对当年的教学工作量，对其教学态度、业务水平和教学效果等进行综合考察，以决定其进退。这种对教官所进行的晋级考试，是经常化、制度化的。每年有小考，三五年有大考。国家专设考试机关主持考试。其他朝廷官学也是如此。

唐代太学制订了严格的教学计划。太学修业年限为6年，6年内必须授完大经、中经和小经等必修和选修课程。大经和中经是必修科目，小经是选修科目，《论语》和《孝经》是公共必修课。

大经修习3年，课程包括《礼记》和《春秋左氏传》；中经修习两年，课程为《诗经》《周礼》《仪礼》；小经修习一年半，课程包括《易经》《尚书》《春秋公羊传》和《春秋谷梁传》。

习字是每天不可延误的功课，太学生每日必书一纸，而且要阅读《说文》《字林》《尔雅》等字书。

唐代太学对教材进行统一编审和颁行。唐太宗曾委托宰相房玄龄召开教材审定

《唐六典》 全称《大唐六典》，是唐代一部行政性质的法典。是最早的一部行政法典。唐玄宗时期官修，旧题唐玄宗撰、李林甫等注，实为张说、张九龄等人编纂，成书于738年，是现存最早的一部会典，所载官制源流自唐初至开元止。

■ 唐代讲学博士

■ 房玄龄（579年—648年），别名房乔，字玄龄。生于隋唐时期的齐州临淄，即今山东省淄博市。唐初良相和谋臣。谥号"文昭"。他监修国史，制订唐朝律令，倡导儒学，综理朝政，是大唐"贞观之治"的主要缔造者之一。后世把房玄龄当作良相的典范。

会议，并于633年"颁其所定书于天下，令学者习焉"，从而使儒家学者颜师古的《五经定本》以法定经典的形式颁行全国，成为太学等朝廷官学必须采用的标准教科书。

《五经定本》虽然颁行，但由于对其训解不一，造成异端峰起，于是唐太宗又诏孔颖达等诸儒撰定《五经义疏》，历时3年，成书180卷，命名《五经义赞》，后又改为《五经正义》，交付朝廷官学试用。此后又先后对《五经正义》进行两次审订，最后于653年颁行于天下。

《五经正义》不但成为太学等朝廷官学通用的标准教材，也成为广大知识分子和社会一般读书人理解儒家经典的指南针，朝廷举行科举明经考试，也以此为评卷标准。

唐代太学有礼教内容，有束脩之礼、国学释奠礼、使者观礼等，通过这些定期性的隆重礼仪活动，使学生受到崇儒尊师、登科从政的教育，从思想上受到一定的熏陶。

其中束脩之礼自孔子开始，当时学生初入学拜见教师时总要带一些礼品作为见面礼，表示对教师的尊重这种行为叫作行"束脩之礼"。

从唐代开始，这种礼仪被朝廷明文规定，成为一种制度。交纳束脩的多少，根据学校的等级不同而不同：国子学和太学学生每人送绢3

匹，四门学学生每人送绢两匹，律学、算学学生每人送绢一匹，地方的州县学生也送绢两匹。此外，还必须赠送酒肉，数量不限。束脩的分配原则是三分送给博士，二分送给助教。这样，束脩就从原来只是见面礼而已，变质成官学教师的固定收入项目了。

唐代太学建立了严格的考试制度。太学所组织的各种考试，既是对学生学习成绩的检验，也是对博士、助教等教学效果的评估。

唐代太学考试有3种，包括旬试、岁试和毕业试。

旬考每10天举行一次，在旬假前进行，考10天内所学的课程，由博士主持，旬考分及格与不及格，及格有赏，不及格有罚。

岁试即岁考，在每年年终前进行，考学生一年内所学的课程。由博士主持，考试经义10条，通晓8条为上第，通晓6条为中第，通晓5条为下第。下第为不及格，须当重习，即留级。如果留级后仍不及格，罚

■ 唐代状元浮雕

省试 即科举中的礼部试，在唐宋金元时期称"省试"，在明清时期称"会试"。考试在京城举行，由尚书省的礼部主持，每3年一次，逢辰戌丑未年为正科，遇皇室庆典加恩科，一般安排在二三月进行，因此又称"春试"。封建时代的学子通过省试后方可进入殿试，也就是通常所说的"考状元"。

唐代考试场景

其补习9年，9年仍无长进，则令其退学。

毕业试在修业期满前举行。毕业考试由博士出题，国子祭酒监考。凡通二经或"俊士"通三经者，方准参加毕业试。考试及格者可参加科举省试，也可由太学补入国子学，还可以直接分派各种官职。

唐代对太学生建立了宽严有节的休假制，除了国家统一的休假日以外，还给学生适当安排了假期，以保证其身心的健康发展。

太学生修业期间安排有假日。常规休假有3种：一是旬假，二是田假，三是授衣假。旬假为每10天放假一天；田假安排在每年"五月人倍忙"之际，是给学生放的农忙假，期限为一个月；授衣假安排在每年9月秋凉，严寒逼近之际，期限也是一个月。

太学等朝廷官学在这3个固定假期之外，还根据学生的实际情况临时给假。学生3年内可以请一次探

亲假。如遇家有特殊情况，诸如父母故去，或发生意外天灾人祸，学生皆可请假，校方不得刁难阻拦。

学生在家休假期间，遇有特殊情况也可以请求延长假期，学校给假时则可根据路途远近酌量期限，一般以距校200里为延长假期的基数，路途越远，时日越长。

太学实行严格的销假制度。请假逾期，则做"不帅教"和"违程"处理，勒令退学。

唐代对太学等朝廷官学

雍和宫大学堂匾额

的管理，很多是通过《唐律》中的教育立法形式来完成的。比如生员殴打师长，则严惩不贷。《唐律》还规定，生员在学3年，不回家探望父母，学校必须以道德训喻，教导他们尽孝道。

阅读链接

唐代的官学教材《五经正义》引用大量史料诠释典章制度、名器物色，又详于文字训诂，为后人研读经书提供了方便。书中包含有政治、经济、文化等方面的丰富内容，是研究者的宝贵资料。《五经正义》地撰着过程中，采摭旧文，取材广泛，汇集了汉魏、两晋南北朝时期学者的研究成果，故能融贯群言，包罗古义，在唐代具有很高的权威性。

自《五经正义》始，经学朝着简明和实用的方向发展，对唐代以后学风由谈玄转向务实，起了一定的促进作用。

宋代太学的改革举措

　　宋代太学继续发展，但在这个过程中也有许多变化。北宋初年，国子监仍为中央官办最高学府，太学仅是其下属的三馆之一。至宋仁宗时期，太学独立出来，成为朝廷官学的主体，又历经庆历、熙丰、

宋代官员蜡像

■ 宋代讲学蜡像

崇宁3次兴学运动的推动，不断完善。即使在宋室南渡之后，仍有所发展。因此，宋代太学有许多成就和特色。

宋代太学的学官和教官较多，各朝代设置有所不同，如祭酒、司业、博士、学正、学录、学谕等。

宋代太学中从事教学职责的学官及教官，如宋代前期的国子监的直讲，元丰年间的太学博士，他们是教学活动的直接参与者，也是教学活动的管理者，掌分经讲授、考校程文，以德行道艺训导生员。

至于祭酒、司业执掌学校政令，负责教学内容审核、教学计划的编订及教学质量的考核等。此外，还有学正、学录考校训导，学谕"掌以所授经传谕诸生"。

不论何种学官，都有各自的教学和管理的职责，

程文 科举考试时，由官方撰定或录用考中者所作，以为范例的文章或者科场应试者进呈的文章。如北宋时期著名文学家、政治家苏辙的《张公安道答吕陶屯田启》《欧阳文忠公神道碑》，就是标准的程文。程文在明代以后特指试官拟作的文章。

■ 宋代考试蜡像

侍御史 古代官名。秦代置，汉代沿设，在御史大夫之下。受命御史中丞，接受公卿奏事，举劾非法；有时受命执行办案等任务，号为"绣衣直指"。其分类有治书侍御史、分掌侍御史和二丞侍御史。宋、元及明初侍御史只设一两人，是御史大夫、御史中丞的副官。

并应在一定范围内有所作为，履行职责，否则，就有可能被追责任。

宋代兴办太学的主要目的，是培养执政的后备人才，尤其高级官吏。为此，太学的教材及教学内容必须为办学目的服务，也就有所规定和限制，教官不得随意超越和更改。

北宋前期，太学以教授经学为主，经学之外的诗赋文辞常被斥为"浮薄"，教官不得私自讲授。

熙宁、元丰时期，王安石的新学成为主要的统治思想，占据太学讲坛，于是"诸生一切以王氏经为师"。教官不得教授王氏新学以外的"邪说波行"，若有异论，则有所累。这些要求对宋代太学教育影响很大。

宋代朝廷南迁之后，理学一度为太学所禁。直至宋代，理学地位逐渐提高，成为教学的主导内容，严禁异端邪说。为此，太学教官违犯规定，私自教授朝廷所禁止的内容的，就会受到黜降免职之类的处分。

在教学计划方面，宋代太学一般有统一的教学计划和规定，由国子监具体编订，教官不得擅自更易。教官讲授经书是不能有违教学计划的，否则要受到查究。

太学教官在授课时，若不遵守规定，增加内容，语涉时政，朝廷要追究其责任。1157年，太学博士陈天麟升堂讲说之时，论及朝廷政事，被侍御史弹劾，朝廷因此下诏将其罢黜。

在教学考核方面，宋代有严格的规定。考核是教学管理中的重要环节，检查太学生学习水平及太学的教育教学质量，然后通过奖惩，督促教官在教学中尽职尽守。

如1071年，太学教官中有"职事不修者"，准许中书门下及主判官监察取旨，不待其3年任满，即与差替。如有时会以太学生的升舍人数的多少作为评判教官教学质量的标准，升舍生人数少，教官就会受到一定追究和惩处。

考场巡检图

■ 王安石塑像

鸿胪少卿　唐宋时期的鸿胪寺是朝廷主管外事接待、民族事务及凶丧之仪的机关。从汉代开始，就有了鸿胪卿或鸿胪省，到北齐时，就叫"鸿胪寺"。宋代只有北宋时期有鸿胪寺，南宋时期不设。主官为鸿胪寺卿。鸿胪少卿则为鸿胪寺的副职，主要是辅佐鸿胪寺卿办理日常公务。

学官的教学水平和质量，在生员的试卷上也有所反映。如果生员试卷质量低下，那么相关教官就会受到追究。跟现代的用升学率和成绩考核制度差不多。

宋徽宗在《考校程文官降官御笔手诏》中指出：

近览太学生私试程文，词烦理寡，体格卑弱，言虽多而意不逮……

"私试程文"即为私试的试卷，宋徽宗认为太学生程文"词烦理寡，体格卑弱，言虽多而意不逮"，乃是教官的失职。于是，国子监把被评为考校程文质量低劣的太学最高长官刘嗣明、司业林震、苏桓，特降一官，以示惩戒。

宋初太学考试无常制，独立之后，始有公试、私试之分。元丰年间，太学实行兴学运动中推出的"三舍法"，形成了较为完备的考试制度，于是，太学考试的形式基本稳定。

宋代太学考试有4种：每月一次私试、每年一次公试、两年一次的舍试及相当于毕业考试的上舍试。其中，私试、公试和舍试由太学学官以及国子监主持，而上舍试则由朝廷差官组织，学官不参与考校。

为确保考试的公平公正，宋廷要求太学学官在考试中恪尽职守，倘若"弛愎不公，考察不实"，则"重加谴责"。

太学私试属于日常检查学业的考试，由太学教官自主考校。如果太学学官专纵徇私，一旦发现即遭惩处。

如北宋哲宗时期的1087年正月，殿中侍御史吕陶弹劾国子司业黄隐有"私妄之迹，众所不服"。国子司业是祭酒之外的太学最高领导，而黄隐在任职期间不能以身作则，不与祭酒、博士共同公正定夺，而是徇情枉法，影响极为恶劣。宋哲宗根据吕陶等人的奏劾，于当年8月即将黄隐降为鸿胪少卿。

为杜绝太学此类私试责任事件的发生，南宋高宗下诏明令："自今太学私试，学官考校失当者，令礼部按劾以闻。"也即由礼部监督并追究学官的私试责任。此外，针对部分学官私试中未尽其职，敷衍了事的情况，朝廷亦要求监察部门予以严查和追究。

相较前代而言，宋代对太学的控制明显加强。私试时，生员讽喻时政或有邪说悖行，学官必须严查深究，若没有及时发现或严肃处理，就要承担相应的责任。

如北宋时期王安石执政的特殊时期，曾经有太学生在策问时，妄议朝政，而学官在策试中未能觉察生员非毁时政，

■王安石画像

三舍法 是北宋时期王安石变法科目之一，即用学校教育取代科举考试。"三舍法"，是把太学分为外舍、内舍、上舍三等，外舍2000人，内舍300人，上舍100人。官员子弟可免试入学，而平民子弟则需考试。这一改革措施，事实上将太学变成了科举的一个层次，学校彻底变成了选官制度的一个组成部分。

宋朝考试蜡像

而且评为优等。王安石得知后大怒，视其为严重失职，于是罢逐了本次策问考试的所有学官。

升舍考试包括一年一次的外舍升内舍的"公试"和两年一次的内舍升上舍的"舍试"。因宋代舍选考试成绩一般与保奏除官直接关联，故升舍尤其是升上舍考试对太学生员至关重要，朝廷亦特别重视。

为维护升舍试的公平公正，朝廷多次颁布严格的规章法令，约束学官。如元丰年间的学令中就明文规定，发现考试作弊者，按违制律论处，学官一律降职。靖康年间再次申明，敢于凭自己的好恶决定生员去取，则罢黜其职。

起初，太学每年公试，以司业、博士主持，后来针对学官主持公试有"私取"之嫌，便改由朝廷差官主持，并且去取降敕，学官不得干预。

在宋代法令中还有不少相关规定，无非是要求学官奉公守法，严格考试，避免责任。为此，朝廷对主管学官在升舍考试过程中，公然收受贿赂的腐败行为，往往给予相应追究和严厉制裁。如元丰年间，太学的最高长官沈季长因收受学生的竹席、陶器，被削职停官。其惩罚之严厉可见一斑。

为了防止学官受贿，宋代又从源头上采取措施，加强生员和学官的管理。如规定太学学官不能随意接见生员，更不能接受贿赂，即使茶果酒食之类也要受到处罚。

太学教官负责常授业训导，与生员比较熟悉，很难避免个人情感、好恶的影响，导致升舍考校有失客观、公允。这对学风以及社会风气都有消极影响。

为了维护升舍考试的公正性和权威性，在升舍考校之中，学官如果因徇私情，即被追究和惩治，追惩的程度几乎与严惩贪赃相同。1190年5月28日，太学博士林致因"废公营私，贪冒苟得"而放罢。总

古代学生学习塑像

■ 宋朝学生蜡像

新学 本文指北宋时期王安石的经学，即北宋神宗时期王安石创立的学派，学术界一般称之为"荆公新学"，又简称为"新学"。新学的性质，属于北宋时期开始兴起的儒家心性之学，即所谓的"道德性命之学"或"性理之学"，是当时理学思潮中的一个重要学派。

之，学官在考试中的任何失职、渎职行为，尤其是徇情贪赃，都有可能受到相应的责任追究。

生员管理是宋代太学教育管理的重要内容，直接关系到教育教学的质量，以及太学的学风和稳定。

宋代朝廷除制订一系列的斋规舍约直接约束生员外，还对学官日常管理生员提出了严格要求。也就是说，学官除了承担教学、考试的责任外，在平时训导、事件处置以及举荐职事学官等方面同样有不可推卸的职责。若有举措不当，以及连带关系，都会受到追究。

太学学官言传身教，以德行道艺训导诸生。若生员行为悖于道义公法，也就意味着教育的失败，说明学官没有完全尽到教导的责任。因此，生员逾越规矩，朝廷除惩戒生员外，也要追究学官的责任。

如1112年5月，大司成张邦昌因"训导无素，生员犯法"，被降两官。大司主管国子监及内外学事，曾取代祭酒成为太学的最高长官。朝廷既然能够追究太学的最高官吏，那么，至于太学的其他官吏，更是如此。这也必然强化了太学日常训导的管理责任。

朝廷在太学生员管理中力求安稳，多以安抚为主。在日常的教学和生活管理中，学官如果处置事件失当，影响稳定，造成后果，就会受到追究和处罚。

南宋初期，知名理学家杨时执掌太学，欲以理学取代王安石的新学，但当时诸生习用王学已久，闻之不满，舆论哗然。结果诸生聚众见杨时，当面诋詈他，以致杨时特别被动。面对如此局面，宋高宗虽然赏识杨时，但迫于形势，不得不以杨时"不能服众"为名，下诏罢免其祭酒之职。

此外，即使生员激变与学官无关，学官有时也会自请失职之罪。如宋钦宗靖康年间，司业黄哲等以太

大司成 古代官名。教导贵族子弟的官。据《礼记·文王世子》记载，大乐正、小乐正所教者仅文器数，别设大司成一官专讲说义理。唐代高宗时，一度改国子监为司成馆，祭酒为大司成，旋复归。其后相沿为祭酒的别称。

■ 学习场景雕塑

学诸生直接向皇帝上书奏事，自请受责，但当时国家形势危急，故皇帝好言抚慰，并未追究他们的责任。

宋代太学生员管理和培养有所创新，生员如果学行卓异，就有可能被荐举为职事学官，担任斋长、斋谕，参与太学管理，提高能力和水平。

斋长、斋谕为太学内部最基层的学官，朝廷不直接选择和任命，多靠学正、学录等荐举任命。其中，学官的荐举尤为关键，而学官如果不能出以公心，客观公正地荐举，也就有可能引发相应的责任。

宋代为了加强太学的管理，有效监督学官，明确了学官的责任，制订责任追究的制度，并加以实施，从而维护太学的正常教学秩序，保障太学的正常运转。

在宋代太学教育管理的责任追究中，主要涉及考试、教学、生员管理等方面；追究手段比较丰富，有罚金、降职、罢黜等，以行政处罚为主，刑事责任方式甚少，而对于贪赃受贿等，则降职罢官，甚至永不叙用。

这在官本位的古代社会，实为一种非常严厉的处罚，表明我国古代教育管理水平已经有了较大提高，给后代以很大影响。

阅读链接

北宋时期，科举考试与学校教育之间的矛盾更为突出，甚至成为调整社会矛盾，有志之士在提出政治经济改革的同时，纷纷提出兴学育材，发展教育的主张，形成了北宋初年3次声势浩大的兴学改革运动。这就是范仲淹发起的庆历兴学，王安石发动和领导的熙宁、元丰兴学，蔡京执政时发起的崇宁兴学。

宋代三次兴学运动的突破口均为太学，太学的改革是整个官学改革的龙头和样板。兴学跌宕起伏，延续了七八十年之久，使宋代太学得到了改善和扩充。

元代国子学的沿革情况

南宋时期，古代太学在元代又有了一些新的变化。元世祖统一全国以后，在采行汉法的同时，也积极采取措施，推动本民族文化教育，其教育的长足发展，在蒙古族乃至古代教育史上放出异彩。

元代教育首先在机构设置上与以往不同。元代设汉文国子学、蒙古国子学、回族国子学。

国子学或国子监，都是古代封建社会的教育管理机关和最高学府，都具备了两种功能，一是朝廷管理机关的功能；二是朝廷最高学府的功能。所不同的是，"国子学"是传授知识，指向教育和最高学府的功能；"国子监"是督

忽必烈画像

■ 元世祖忽必烈蜡像

元世祖 （1215
年—1294年），元
王朝创建者。在
位期间，建立行
省制，加强中央
集权，使得社会
经济逐渐恢复和
发展。忽必烈是
蒙古民族光辉历
史的缔造者，是
蒙古族卓越的政
治家、军事家。

查监管，指向朝廷教育管理的功能。

　　事实上，元代国子学的设立相对于"太学"而言，除了是朝廷传授经义的最高学府外，更多地承担了朝廷教育管理的职能；但同时，国子监与太学也可互称，经常用太学来指代国子监。因此，元代的国子学也就是元代的太学。

　　1269年，元世祖设立了汉文国子学。汉文国子学以汉语授课，传授儒学文化，生员先学《孝经》《小学》《论语》《孟子》《大学》《中庸》，后学《诗》《书》《礼记》《周礼》《春秋》《易》。

　　汉文国子学配备的老师分为蒙古司业，以及蒙古博士、助教、教授、学正、学录、典给、典书等职。汉文国子学最初学员定额为200人，后来增加至300人，其中蒙古学员占一半以上。

　　此外，至元代初期还设置了汉文国子监，选七品以上朝官子孙为国子监生员，随朝三品以上官员可以举荐俊秀的平民子弟入学，成为陪堂生伴读。因此汉文国子监是蒙古族生员学习汉族文化一个主要场所。

当时，著名学者许衡、冯志等人被延请到国子学执教。汉文国子监学的师儒们为了搞好教学，对生员们实行了升斋等第制、私试规矩制和黜罚科条制，调动了生员的学习积极性。

1271年元世祖在京设立蒙古国子学。蒙古国子学中的教师与汉文国子学大同小异。蒙古国子学生员数量最多曾达400多人，其中有一定比例的庶民子弟。

蒙古国子学以蒙古族生员居多，但也选取朝中汉人、色目人、南人百官的子弟入学。蒙古国子学主要用蒙语授课，以蒙古语译写的《通鉴节要》为主要教材，学习结束后，出题考试，成绩优异者，量授官职。

另外，元代朝廷还在上都即位于今内蒙古自治区

许衡（1209年—1281年），元代初期理学家、教育家。据《元史·许衡传》，他"凡经传、子史、礼乐、名物、星历、兵刑、食货、水利之类，无所不讲"。参与制订了元代的官制、礼仪和《授时历》。

■ 蒙古族授课雕塑

元代考试蜡像

大学文化与私塾文化

锡林郭勒盟正蓝旗境内的西夏都城设立了国子分学，其授课时间与皇帝巡幸上都的时间基本一致，其余时间都在大都上课。

元代蒙古国子学也是生员学习汉族文化的一个主要场所。当时的师儒们为了搞好教学，对生员们实行了诸多有效的管理办法，为元代朝廷输送了许多合格的官吏。

1277年，元代朝廷还设立了蒙古国子监，蒙古国子学归其所管。监内设祭酒、司业、监丞、令史、知印等职。蒙古国子监既是管理机构，也是教学机构，它和蒙古国子学一道，为朝廷培养了众多的蒙古族人才。

元代的蒙古国子国子监呈现了发展的态势。不仅师儒之职完备，而且生员的数量最高曾经达400多人、生员当中，庶民子弟也占一定的比例。它和蒙古国子学一道为元代朝廷培养了众多的蒙语人。

元帝国时期，在扩张过程中与西域多有接触。元代，任用和吸引了一批西域人，其中最著名的有天文学家波斯人哈鲁丁。1289年4月，元代尚书省的臣员进言说：

> 亦思替非文字宜施于用。今翰林院益福的哈鲁丁能通其字学。乞授以学士之职，凡公卿大夫与夫富民之子，皆依汉人入学之制，日肄习之。

翰林院益福的哈鲁丁所掌者为教习亦思替非文字。亦思替非文字是古代伊朗人所创造的一种特有的文字符号系统及计算方法，用以书写国王及朝廷有关

尚书省　官僚机构。南朝宋时期得名，前身为"尚书台"。由汉代皇帝的秘书机关尚书发展而来。是魏晋至宋时期朝廷最高政令机构，为朝廷最高权力机构之一。辽金时期有尚书省，与宋代制相同。元代尚书省时置时废。

■ 亦思替非文字

财务税收，清算单据，税务文书等。阿拉伯哈利发帝国兴起后继续用这种文字以管理和书写有关财务税收事项，是一种具有保密性又便于统计数目的文字。

亦思替非文字不是一般的波斯文或阿拉伯文，而一种专门学问，其中有较为精密的数学统计方法。翰林院益福的哈鲁丁掌握这种学问，也可算是"绝学"了。

朝廷采纳了尚书省的这个意见议，在1289年8月设置了回回国子学。元仁宗执政时期，朝廷又设置回回国子监。回回国子监管辖回回国子学。

在回回国子学中，教师们用正规的办法训练通晓亦思替非文、波斯文和阿拉伯文的翻译人才。元代朝廷让相当一部分蒙古族儿童在回回国子学就读，目的是培养诸官衙口的翻译人才。

元代建立的回回国子学是一所外国语学校，与元代朝廷的对外贸易有关。这是蒙古族教育史，乃至古代教育史上最早建立的一所外国语学校。我国至今使用的阿拉伯数字，就是在元代时期来华穆斯林带来的。

太学文化与私塾文化

阅读链接

元大都有一条国子监街，位于现在的北京安定门内大街路东，是元世祖忽必烈于1286年修建的。街道中段的两座牌坊题名为"国子监"，实为太学标志。元世祖忽必烈在1274年进驻大都以前，太学设在大都城西南方的金中都城枢密院旧址，首任祭酒是学者许衡。

有趣的是，元代太学的放学时间，居然以日影转到后院为准。崇文阁前有一棵古槐，相传是元代首任祭酒许衡手植，史载"国学古槐一株，元臣许衡所植。"枯萎多年以后，曾于1751年发芽重生。

明代的国子监及管理

　　明代之初，就以文教治天下为基本国策，把学校列为人才培养和选拔的途径之首，并在全国大兴学校。当时国子监同样称为"太学"。

　　明代设立的国子监有：南京国子监、北京国子监和中都国子监。南京和北京的国子监也称"南北监"或"南北雍"，包括中都国子监

北京国子监

■ 北京国子监

应天府 1356年，朱元璋亲自带兵分三路用10天时间攻破了集庆路，即现在的南京。1368年8月，明太祖朱元璋以南京为国都，改集庆路为应天府，是为明王朝京师。1403年诏改迁都北京顺天府，1421年正式迁都北京。

在内，它们统一称为"太学"。

明代朝廷最早在南京设立国子学，由应天府学改建而成，1382年改定为国子监，是当时朝廷最高教育行政机关和最高学府。这是在当时我国最大的国立大学，在世界上也是最高学府之一。

南京国子监规模宏大，校内建筑相当完备。除了有射圃、仓库、疗养所、储藏室外，教室、藏书楼、学生宿舍、食堂，就有2000余间。

教学和管理设有五厅和六堂。五厅，即绳愆厅、博士厅、典籍厅、典簿厅和掌撰厅，六堂，即率性堂、修道堂、诚心堂、正义堂、崇志堂、广业堂。六堂既有分班，也有分年级的性质。

北京国子监是在1420年明代朝廷迁都北京后改定的元大都国子监，于是明代国学有南北两监之分。北京国子监是元明清三代管理教育的最高行政机关和朝廷设立的最高学府。

北京国子监整体建筑坐北朝南，中轴线上分布着集贤门、太学门、琉璃牌坊、辟雍、彝伦堂、敬一亭。东西两侧有四厅六堂，构成传统的对称格局，是我国现存唯一一所古代中央公办大学建筑。

1375年，明代朝廷于凤阳设置中都国子学，与南京国子监、北京国子监同时并存，但是中都国子学选收的学生，均为北京国子学考试优选之后的生员。1393年，朝廷罢中都国子监，将其师生并入北京国子监。

明代国子监的教职设有祭酒、司业及监丞、博士、助教、学正等，由"当代学行卓异之名儒"充当。学生称为"监生"或"太学生"。

明代国子监学生的来源大致有贡监、举监、荫监和例监的区别。贡监是由地方府、州、县儒学按计划年选送在学生员贡国子监的学生；举监是会试落第举人直接入监的读书者；荫监是以荫袭而入监的国子监学生；例监是捐资财入监读书者。

按出身看，国子监学生又有民生和官生之分。民生是国子监出身庶民的学生，而官生是国子监学生中

■ 北京国子监辟雍

高丽 918年所建，定都开京，即今开城，是朝鲜半岛政权。有关王建的生平记载不详，现存有多种说法。不过，已知他出生在今开城，原是后高句丽建立者弓裔的部将，其家族是朝鲜半岛西南岸专门作贸易和商业活动的豪族。高丽被今天的朝鲜朝廷认为是朝鲜族历史上首个统一国家。

以恩荫入监的品官子弟。总之，进入国子监由于资格、来源的不同，虽然都是国子监学生，称谓却很不相同。

国子监学生1393年增加至8000多名，至1422年已增加至9900多名，可谓盛极一时。明朱武宗时期以后学生只剩千余人。至明代景泰、弘治之际，学生"奸惰"，教师"失职"，课业乃废。明景泰时期以后，出现了用钱买国子监入学资格的"例监"现象，与明代初期太学相比，已是有名无实。

明代朝廷规定，必须入国学者才可当官，不入者不能得，参加科举考试的必须由学校出身，即所谓科举必由学校，而学校起家不必由科举。这些在《明史》中都有比较详细的记载。

■ 明代科举考生

为了培养封建社会的"文武之才"，使国子监学生"能出入将相，安定社稷"，历代都规定"五经"或"四书"作为国子监的主要教材。明代也不例外。

明代国子监具体对学生课以名体达用之学，以孝悌、礼义、忠信、廉耻为之本，课程以《易》《诗》《书》《春秋》《礼记》等经典为专业教材，人习一经；以《大学》《中庸》《论语》《孟子》为普通基础

■北京国子监读书场景石雕

课。此外，还涉及刘向《说苑》及《御制大诰》《大明律令》等时政文献。生员还要学习书法。

朝廷对国子监的管理都很严格，颁行了各种管理制度，包括考试升降制度、历练政事制度和放假制度等。国子监监生可以在监内寄宿，而且还发给灯火，供给膳食，享有免役的权利。

明代洪武和永乐年间，国子监还接受邻邦高丽、日本、暹罗等国的留学生。

明代国子监教育管理机构及其管理，在培养文武官吏，造就各种专门人才，繁荣古代学术文化，纳育各国留学生，促进中外文化交流乃至传承中华民族悠久历史文化等方面，都起到了非常积极的作用。

阅读链接

明王朝的第一位皇帝是朱元璋，他办了许多学校，不仅有中央级别的国子监以及地方的府州县学，甚至还诏令设立社学，也就是乡村小学。

朱元璋还注重教育自己的孩子，帮助孩子选择一些内容健康、情调高雅的课外读物，以保证孩子接受正面教育。此外，他还经常为太子朱标进行艰苦创业和勤俭守成的教育，让他接触实际，带他到农民家中，详细观察农民的衣食住行，了解百姓的生活、生产情况，以达到"察民性好恶以知风俗美恶"的教育目的。

清代的国子监及管理

清代初期，修整明代北京国子监为太学，裁南京国子监，改为江宁府学。清代朝廷官学主要指京师的国子监，包括附属于国子监的算学、八旗官学。

清代国子监是全国最高学府，设祭酒满、汉各一人，司业满、蒙、汉各一人，职在总理监务、执掌教令。博士满、汉各一人，助教满16人、蒙8人、汉6人，学正汉4人，学录汉2人，职在教诲。典籍汉

清代国子监彩绘图

一人，掌书籍碑版。典簿满、汉各一人，掌文牍事
务。从雍正时的1725年起，更置管理监事大臣一人，
不拘满、汉，地位在祭酒、司业之上。

　　国子监的生员，来源很多，共分两大类。一为贡
生，一为监生。贡生有岁贡、恩贡、拔贡、优贡、副
贡、例贡这"贡"，监生有恩监、荫监、优监、例监
"四监"。

　　岁贡，有地方贡于国家之意。府、州、县学按照
规定的时限与数额，将屡经科考、食廪年深的生员，
依次升贡到国子监。

　　1645年，清代朝廷命中央直属各省起送贡生，府
学每年一人，州学3年两人，县学两年一人。各地贡
生到京后，要进行廷试。时间是每年5月15日，后改
为4月15日。如有滥充者，即发回原学。一省发现5名
以上，学政要被罚俸。

　　恩贡，是岁贡在特殊情况下的改称。清代沿明代
制，凡国家有庆典或皇帝登极，便颁布恩，以当年的
岁贡生充恩贡。

食廪　明清两代
食公家膳食的生
员。又称"廪
膳生"。明代
初期生员有定
额，后名额增
多，因谓初设食
廪者为廪膳生
员，省称"廪
生"，增多者谓
之"增生"。又
于额外增取，附
于诸生之末，谓
之"附生"。后
凡初入学者皆谓
之附生，其岁、
科两试等第高者
可补为增生、廪
生。廪生中食廪
年深者可充岁
贡。清制略同。

教化于民

大学文化与私塾文化

■ 清代国子监监生领米图

八旗 是清太祖努尔哈赤于1601年正式创立，初建时设四旗：黄旗、白旗、红旗、蓝旗。1614年因"归服益广"将四旗改为正黄、正白、正红、正蓝，并增设镶黄、镶白、镶红、镶蓝四旗，合称八旗，统率满、蒙、汉族军队。

拔贡是常贡之外所行的选贡之法。各地儒学生员，经过考选，凡学行兼优、年富力强、累试优等者，得以充拔贡。

顺治时的1644年，首举选贡。顺天府特贡6人，每府学贡两人，州、县学各贡一人。清代初期为6年考选一次，乾隆时期改为12年一次。

副贡，各省乡试除录取正卷外，另取若干名为副榜。中副榜者，可以作为贡监，入国子监肄业，称副贡。

优贡，类同拔贡，每3年考选一次，举送的次数比拔贡多。

读书士子除了参加科举考试者外，由此而入仕途的，亦谓之正途。五贡就任官职，按科分名次和年份先后，恩、拔、优、副贡多以教谕选用，岁贡多以训导选用。但在具体实行中，常有变动。

在五贡之外，还有例贡。凡儒学中的廪生、增生、附生，按朝廷规定报捐为贡生的，称"例贡"。这是当时由捐纳入官的必由之路，由于是出资捐买而得，很为一般人所蔑视。

例贡或在监肄业，或在籍，均可称为"国子监监生"。乾隆年间议准，例贡如果志在由正途入仕，准其辞掉例贡头衔，以原来的身份参加科举考试。

在贡生之外，还有监生，包括恩监、荫监、优监和例监。

恩监，乾隆年间开始实行，主要是选拔和照顾一些资历、身份较特殊的士子，恩准入监肄业。乾隆时的1737年，准八旗汉文官学生应讲求经史，每三年奏请钦点大臣考试，优者拔作监生，与汉贡监等一体肄业。

后又议准，八旗算学生、汉算学生、钦天监天文生均准考恩监。1786年规定，凡陪祀孔庙的圣贤后裔，本人是武生俊秀及无功名顶戴的俊秀，均恩准做监生。荫监，又分恩荫和难荫两种。恩荫是按内外文武官员品级，荫子入监。

1645年，定文官中京官四品、外官三品以上，武官二品以上，可送一子入监。从1713年开始，宗室也给荫入监。1646年，定满、汉三品以上官员，3年任满，勤于国事而死者，可荫一子入监。

雍正年间以后，特别体恤军功死难者。凡八旗武职立功身故，无

清代国子监学习蜡像

■ 清代国子监监生蜡像

骁骑校 清王朝最初的政权后金，于1634年称定固山额真即都统行营马兵为阿礼哈超哈，后改称"骁骑营"。有佐领，下设骁骑校，每佐领一人，正六品。骁骑营为受各旗都统直接统率的部队，佐领与骁骑校为直接受都统与副都统、参领管辖的军官。

论功绩大小，是官员的，给七品监生一人，是护军校、骁骑校的，给八品监生一人，均于子弟内补充。

1739年规定，八旗武职立功病故，所给的监生，按立功等第定监生品级。一二等军功，给该员子弟监生一人，食七品官俸，三四等军功，给该员子弟监生一人，食八品官俸，五等军功，给该员子弟监生一人，照捐纳监生例，准其应乡会试。

优监，与优贡雷同，唯入监条件略有降低。1733年规定，在地方儒学为附生及武生的，可以选为优监生。

例监，与例贡雷同，但条件更放宽。凡未取得生员资格的读书士子，即俊秀，可以通过捐纳而取得监生资格，称"例监"。

贡监生入太学后，依次到六堂研习。六堂分为三级：正义、崇志、广业堂为初级，修道、诚心堂为中级，率性堂为高级，根据学习成绩递升。

国子监的监生，又分为内、外两班，内班是住在监内的，有膏火之资。外班则散居监外各地，无膏火。外班补内班，要经过考试。内班贡监生的告假等事项，都要按严格的规定办理。

清代初期，内班共有监生150名，每堂25名，外班120名，每堂20名。乾隆初，改内班每堂为30名，这样内、外班共300名，既而又裁减外班120名，拨年班24名为外班生。

国子监授课和考试的办法是：每月初一、十五师生向孔子行祭奠礼毕，听助教或学正、学录讲解经书，然后要进行覆讲、上书、覆背，每月三回，周而复始。

所习内容为"四书""五经"等，还有兼学习"三经"和"二十一史"的。每人每日要摹名帖数百字，并立日课册，按期交助教等查验。

每月十五，祭酒、司业轮换考课四书文一篇，诗一首，称"大课"。一般是司业月考，祭酒季考。另外，每月初一，在博士厅课经文、经解和策论。每月初三及十八，助教、学正和学录还要分别主持

清代监生考试图

考课，试四书文、经文和诗策等。

监生坐监的期限，始初各种贡监生并不一样。恩贡、难荫、由廪生出身的副贡，时间最短，为6个月。其他有8个月、14个月、24个月的。例监最长，为36个月。1727年规定，各监生肄业，均以3年为期。修业期满后，可应吏部铨选，以教谕、训导等选用。

清代，还有两种学校隶属于国子监，即国子监算学和八旗官学。

算学，1739年额设满、蒙、汉肄业生共60人，学习五年期满，分授钦天监天文生及博士。

八旗官学，系为培养八旗子弟而设。1644年，八旗驻地各建学舍，为八旗官学，次年，合两旗官学为一学，教习在国子监肄业生中考选，主要用恩、拔、副贡生。1727年，定每旗设学额100名，其中满洲60名，蒙、汉各20名。

乾隆初期，定官学生肄业以10年为期，其中汉文明通者，拔为监生，升入太学。官学中的汉教习，3年期满，分等引见。一等用知县，二等用知县或教职。

清代末年，官学渐渐废弛。太学生并不务学，多纳粟入监，并为科名而学，为世人所轻视。太学教育日趋没落和形式化。

阅读链接

清代诸帝对国子监非常重视。是清朝入关后的第一位皇帝，他于1652年亲自视察国子监，以后历代相沿，成为定制，称为"临雍讲学"。清圣祖玄烨、雍正、弘历都很关注国子监的教育。乾隆于1785年亲临辟雍时，举行了隆重盛大的讲学典礼，其临雍之仪、讲学之礼又历代相沿，成为定制。

不仅如此，清代皇帝还为国子监开列教条教规，如康熙为官学作《御制学校论》、雍正修正《圣谕广训》等。国子监彝伦堂内恭悬6位皇帝对国子监的6道敕谕。

私塾

私塾是私学的一种，是私学的初级教育阶段。它发轫于春秋时期，中经两汉、魏晋南北朝时期，成熟于唐宋时期，兴盛于明清时期。作为人才培养的摇篮，它与官学相辅相成，并驾齐驱，共同为传递中华传统文化，培养人才，勤苦耕耘，不懈奋斗，做出了不可磨灭的贡献。

私塾在发展过程中，不断总结经验，探索规律，摸索出适合儿童身心发展规律的教学原则和方法，并建立健全了一系列教育教学管理的规章制度，为继承发展祖国文化事业作出了极其重要的贡献。

西周时期乡学的塾之教

　　太学是古代官办的教育形式，伴随其一同发展演变的，还有民办的教育形式，这就是私学，而私塾乃是私学的主体。私塾作为我国最早的民间教育形式，它的由来可以上溯至西周时期。

　　私塾是从西周时期乡学中的"塾"发展过来的。西周时期的学校教育分为国学和乡学，塾只是乡学中的一种形式。乡学是通过乡遂制

周公与群臣商议制礼乐图

■ 古代儿童学习场景

度而建立起来的。

据周公撰写的《周礼》中的《大司徒·乡大夫》记载："五家为比，五比为闾，四闾为族，五族为党，五党为州，五州为乡。"这是西周近郊的"乡制"。

《周礼·大司徒·遂大夫》记载："五家为邻，五邻为里，四里为酂，五酂为鄙，五鄙为县，五县为遂。"这是西周时期远郊的"遂制"。

居住在六乡的平民，叫作"国人"，他们多为士或庶人，他们的子弟有进入乡学受教育的权利。居住在六遂的都是奴隶，叫作"野人"。六遂不对奴隶子弟设学校。

《周礼·地官·司徒》对六乡之属规定：乡学由西周掌土地和教化的司徒负责总的领导。在司徒所属的官员中，与乡学有关的依次有乡师、乡大夫、州长和党正。

私学 官学相对而言。古代的私立学校、民办教育。包括塾师自己办的教馆、学馆、村校，有地主、商人设立的家塾，还有属于用祠堂、庙宇的地租收入或私人捐款兴办的义塾。在古代教育中，私学与官学一直是相互融洽、相互补充的，在教育史上占有重要的地位，对古代教育理论和教育实践作出了重要贡献。

古代学生雕塑

乡师掌管所治理之乡的教育，评断乡中官吏的治理情况；乡大夫掌管本乡的政教和禁令；州长掌管本州有关教育、治理、行政和禁令的法则；党正掌管本党的行政、禁令、教育和治理。

司徒在负责六乡的工作中，具体规定乡学教育内容，即"六德""六行"和"六艺"。

六德包括义、忠、智、和、圣、仁，即君德、臣德、夫德、妇德、父德和子德；六行包括孝、友、睦、姻、任、恤，即孝顺父母、对人友善、邻里和睦、婚姻美满、任贤与能和体恤百姓；六艺包括礼、乐、射、御、书、数，即礼教、乐教、射箭技术、驾车技术、书法和算术。

乡中各级官员把在乡里面德行道艺兼优者层层推举到上级领导的部门，并以"书"的形式记录并被推荐者的事迹材料，供遴选录用时参考。这个过程叫"选士"。

乡里面如果有不遵循教导的人，就要报告司徒，然后通过习礼来感化他们。屡教不改的人便"移之遂"，由远郊的遂去感化。如果还不变，最后才"屏之远方，终身不齿"。

在西周时期乡学中，塾还不是真正的学校。《周礼》中称最初的塾是建在大门旁边的房子：

百里之内25家为一间，同共一巷，巷首有门，门边有塾。

几十家共处一巷，自然需要有人管理。于是，早晚由父老坐在巷首门侧的"塾"中，监督检查人们是否按时出工，是否遵守秩序，是否敬老尊长等。

西周时期乡学中的"塾"之教虽然也起着管理和教喻的作用，但还不是严格意义上的学校，并不是后来的人们所说的私人家庭教育中的"家塾"或"私塾"。但随着士人阶层的出现，我国古代私塾教育就逐渐形成了。

西周时期住在六乡的士人阶层是乡学中塾教的主要力量。《尚书大传·略论》记载：

■ 古代儿童学习雕塑

士 上古掌刑狱之官，商、西周、春秋时期为贵族阶层，多为卿大夫的家臣。春秋末年，逐渐成为统治阶级中知识分子的统称。战国时期的"士"，有著书立说的学士，有为知己者死的勇士，有懂阴阳历算的方士，有为人出谋划策的策士等。

大夫 古代官名。在西周时期以后的先秦诸侯国中，在国君之下有卿、大夫、士三级。大夫世袭，有封地。后世遂以大夫为一般任官职之称。秦汉时期以后，朝廷要职有御史大夫，备顾问者有谏大夫、中大夫、光禄大夫等。至清代，高级文职官阶称"大夫"，武职则称"将军"。

大夫、士七十而致仕，老于乡里，大夫为父师，士为少师。

也就是说，周代的大夫和士70岁退休后，就回到乡间教书去了。

士人阶层是加入乡学教师行列的退休官员，在古代民间办的乡学中发挥了重要作用，以至于催生了私塾的诞生。在当时，由于社会生产力的发展，促使社会内部出现了新的分工，即体力劳动和脑力劳动的进一步分工，产生了专门生产精神财富的脑力劳动者。于是就产生了一个新的阶层"士"。

"士"是一个有强大生命力的阶层。自从西周灭商实行分封制后，各诸侯国的执政者从巩固自己政权的需要出发，竞相"招贤纳士"，于是出现了"养士"之风，"士"成为一个比较重要的社会阶层。

■ 古代学习雕塑

古代学习雕塑

　　"士"是古代的知识分子。不少人以此作为进身之阶，即通过读书成为"士"，然后再"学而优则仕"。在这样的背景下，私学的产生就是自然而然的事情。

　　私学产生以后，由于其传播儒家文化的需要而大量产生并且稳定下来，虽历经战乱而绵延不绝。而私塾作为私学主体，在我国西周至清末漫长的历史进程中，发挥了重要的教化育人的作用。

阅读链接

　　周公撰写的《周礼》这本书，内容不仅包括乡遂制度，还记载了周代的其他官制，全面地保存了治理国家的体制。其实，《周礼》的内容完全可以反映出周公的伟大。

　　周公的治国思想帮助周武王开创了周王朝800年基业，为民族融合、政治革新、国家统一作出了巨大贡献。周公提出的重伦理、轻逸乐、好俭朴、乐献身的君子风度和集体精神，经后人整理、修正、总结，渐次形成了古代精神文明的大典。

孔子开创私学教育先河

太学文化与私塾文化

青年孔子像

孔子17岁时，鲁国有位孟僖子，政治地位仅次于季平子，是鲁国第三号人物。

公元前535年，孟僖子陪同鲁昭公出访楚国，途经郑国抵楚，在引导鲁昭公参加对方欢迎仪式时，因为不懂礼节而出丑。

孟僖子为此惭愧之极，归国后便到处向人求教，曾向青年孔子问礼，孟僖子从此十分敬佩孔子的学问。后来，孟僖子重病在床。临终之际，他将两个儿子叫到床前，长子孟懿子快30岁了，次子南宫适也已10多岁了。孟僖子向他们讲述礼的重要，讲述了自己不知礼所得到的教训，又讲述了他很敬佩的人孔子的家世。

他说："听说我们鲁国出了个通达明

礼、学问渊博的人，他就是孔丘。我告诉你们，他是圣人商汤的后代，他的祖先有功于宋国，曾辅佐过3位国君。他们虽然地位很高，但谦虚谨慎，可见孔丘的祖先有谦恭的美德。祖先有美德，其后世必定出现聪明通达的人。现在孔丘年纪才30多就已经知道许多学问，懂得许多礼节，他就是今天的圣人！我死后，你们要拜他为师，向他学礼。"

于是，孟僖子的两个儿子都拜孔子为师，也成为孔子开办私学的第一批弟子。

孔子生活的春秋时期，旧制瓦解，官学下移，民间产生了许多掌握知识的学者，并进行著书立说。与此同时，民间私学教育也有了萌芽。正是在私人著述和私学教育萌芽之后，孔子开始了兴办私学的创举。

■ 孔子雕像

如果说春秋战国时期私学的发展是小规模的、不分层次的，那么，就可以把当时的私学直接称为"私塾"。

其实在孔子之前，或与孔子同时，就有许多著名学者兴办私学，只不过是以孔子新办私学的规模和影响力最大。孔子办学之后，推动了私学的进一步发展，于是古代我国出现了许多民间的学术团体，许多

孟懿子（？—前481年），姬姓，鲁国孟孙氏第9代宗主，名何忌，世称仲孙何忌，谥号"懿"，是孟僖子的儿子，南宫敬叔的哥哥。孔子的弟子。公元前498年，孔子为大司寇"摄相事"，进行堕三都。三都中就包括季孙氏的费邑。三桓为了打击家臣势力，都表示同意。

■ 孔子收徒图

杏坛　在山东曲阜孔庙的大成殿前，相传此处是孔子讲学之处。宋代，孔子第四十五代孙孔道辅增修祖庙时，将正殿后移，除地为坛，环植以杏，名称"杏坛"。故现在的曲阜孔庙实有杏坛。现在也多用来指教书授人的地方。

著名学者带领门徒四处讲学，于是百家争鸣蔚然成风，形成了春秋战国时期的众多学派，出现了一种思想自由、学术繁荣的新风气。

孔子在30岁左右时，开始招收第一批弟子，这中间有颜渊的父亲颜路，曾参的父亲曾点，还有子路、伯牛、冉有、子贡、颜渊、闵损等人，以及鲁国贵族孟僖子的长子孟懿子和次子南宫适。

孟氏是鲁国掌权的贵族，自从孔子吸收了孟氏兄弟入学后，孔子办学的经费得到了国家的补给，私学的规模越来越大。

这批孔子招收的第一批弟子，在孔子那里，主要是学习"六艺"，即礼、乐、射、御、书、数6门课程，这主要是技艺、节文之事。这些课程在周代是属于小学的课程。其重点是培养德行，陶冶性情，多从事于政治军事外交方面的训练，准备由他们担负起闻道救世的重任。

孔子在鲁都杏坛向他们讲学，但弟子们也跟着孔子四处出访，在实际的社会活动中，随时问难，这是我国古代最早的开门办学。

孔子之前，"学在官府"，只有贵族子弟有机会接受教育，一般平民是无资格得到求学机会的。孔子创办私学后，打破"学在官府"的局面。这在当时是一件破天荒的大事，在鲁国引起很大震动。由于招收一大批学生，进行了认真的教育培养，造成了很大的社会影响，孔子逐渐成为一个著名的教育家。

孔子的教学活动的一个很大的特点，就是结合社会实际进行教学。为了收集古代的文献典籍，为了弄清三代文化的演变，他曾经到京都洛邑当守藏史的老子求教，出发前鲁昭公还派出车马仆役，支持孔子师生这一次长途出国访问活动。

由于当时鲁国在春秋时期大变革的形势下，同样也是"礼崩乐坏"，孔子非常失望，就离开鲁国，周游列国，宣传他的仁治天下的主张。

这时期孔子的弟子中，不仅有来自齐、鲁的学生，还有来自楚、晋、秦、陈、吴各国的弟子，孔子弟子几乎遍及当时各诸侯国。

在周游列国时，孔子带着他的弟子们四处奔走，并以社会为课堂，在游说求仕的过程中，在与各国统治者的交际中，在社会的政治的实际活动中，一步步培养和教育自己的学生，即使在极为困难与危险的环境中，他仍然讲学不辍。

■ 孔子杏坛讲学图

孔子求教老子

　　孔子68岁返鲁国之后，直至他73岁逝世之前，这中间共有5年时间。这5年中，孔子跨越了他一生中"六十而耳顺""七十从心所欲不逾矩"的两种思想境界，他的思想、学问、品德修养已是炉火纯青的最高境界。

　　孔子归鲁虽已退居顾问，但是他仍然十分关心国事。不过他越来越感到治国化民之道，非从教育入手不可，出于他对文教事业的真挚、热爱和对于中华文化的承前启后的强烈责任感，他决定不做"求仕"，而将主要精力致力于教育办学和整理古代经典文献这两方面。

　　孔子晚年招收的子游、子夏、曾参等人，与他早期招收的弟子有所不同，则属于后一辈的弟子。他们在孔子那里主要学习《诗》《书》《礼》《乐》《易》《春秋》，这些课程是古代的文献，也就是后来的"六经"。

　　孔子首创私学，在鲁国办私学是由鲁君给他钱粮的，周游列国时，各国的国君常常向孔子及其弟子请教治理国家的大计，他们就向那些国君提供各种建设性的意见，而各国的国君也乐意给孔子师生以一笔又一笔的可观的教育经费。

孔子办学是为了培养一大批能够参加当时政治改革活动的志士仁人。孔子对所处时代的"礼崩乐坏"怀着极大的忧虑，不断深思造成这种动乱的根源。他认为造成社会危机日趋严重的主要根源，应该从人自身的内在精神世界方面去寻找。因此，孔子认为教育的主要目的是培养人良好的道德品质。

为了达到这一目的，孔子是按照学生的不同的品行与才性施以教育，培养出参政与从教的不同人才，如德行以颜渊、闵子骞、冉伯牛、仲弓修养最高；政事以冉有、季路最出色；言语有宰我、子贡；文学有子游、子夏。其中像冉求、子路、宰我、子游等，曾为列国大夫或邑宰，子贡常相鲁、卫，在施政上很有政绩。

至于他晚年招收的弟子，则专门致力于学术教育的活动，如曾参、子夏、澹台灭明、商瞿等。曾参设教于武城，孟轲称其弟子有70人。

子夏居西河教授，为魏文侯师。李悝、田子方、

西河 古郡名。战国初年魏国置。战国时期黄河在今山西、陕西交界处之河段常被称为西河。魏国在今陕西东部的沿河地区设置西河郡。魏文侯时吴起曾任西河守。公元前330年，秦国攻取西河，郡废。

■ 孔子讲学图

段干木均是他的弟子。子夏在孔门中是传经之儒，汉代学者称儒家经学均由他所传授。澹台灭明南游至江，从弟子300人，设取予去就，名施诸侯。

此外，还有商瞿传《易》。澹台灭明和子夏的教育事业，又进一步将孔子的思想传播到黄河、长江两大流域。

孔子以前，夏商周时期贵族学校的教育内容是十分简单的，谈不上有多少理论性、知识性的教材，这是与当时的文化尚处于较低水平有关的。但是，孔子在办学中，又对教育内容作了重要改革，他研究整理了古代的大量文献，从中选出了《诗》《书》《礼》《乐》《易》《春秋》这六部经典，作为教科书。

这6部经书被孔子称为"六艺"，后来被称为"六经"。经过孔子整理的"六艺"或"六经"，是世界教育史上最早的文化知识课本的这一套教本，在我国古代的学校中，一直被使用了2000多年。

孔子的教育内容基本上是以"六经"文献为主，这也是孔子的教育内容与孔子之前的教育内容根本不同的地方，孔子办学将文化教育放在第一位，孔子之被尊为"文圣"，也正是出于这个原因。

"有教无类"是孔子提出的口号，也是他创办私学的最

■ 子夏 姓卜名商，卫国温人，是孔子晚年的得意弟子之一。子夏是继孔子之后，系统传授儒家经典的第一人，对儒家文献的流传和学术思想的发展作出了重大的贡献，被后世誉为传经之鼻祖。子夏还在儒家思想的发展和创新方面取得很大成就。

孔子讲学壁画

大特点。孔子招收学生已经打破了贵族和平民出身限制，不管是什么出身的学生，他都给予他们同样的学习机会，一律平等地看待他们，一视同仁地进行教育。

这种不分富贵贫贱一律教育的做法，在教育史上是自孔子创始的。由于孔子教学是来者不拒，多多益善，相传他门下的学生竟达3000人之多，其办学规模可谓空前。由此可见，孔子办学极大地扩大了教育对象。

"因材施教"是孔子的一个重要的教育原则，也是教育史上一个非常宝贵的传统。孔子认为人的智力是有高低的，因此他根据不同的学生的不同性格、不同气质进行不同的教育。

为了贯彻"因材施教"的原则，孔子对他的弟子们有比较深入的了解，几乎掌握每个学生的特点和个性。孔子说，高柴愚直，曾参鲁钝，子张偏辟，子路刚猛。甚至连颜回、子贡两人的经济条件也十分清楚。孔子就是根据每个学生的不同特点，施以不同的教育方式。孔子办学主张教学相长，提倡师生之间相互切磋，共同讨论，以便使师

孔子说教图

生之间互相促进提高。孔子还和他的弟子们亲如一家，平易近人、坦率真诚地对待每个学生，学生对孔子也是敬爱尊重。孔子对于学生的缺点及时进行批评教育。这可以说是孔子办学的伟大与成功之处。

孔子在公办教育出现了巨大困境之后，创立私学，为上古中华文化教育的存亡继绝，摸出了一条新的出路。他的教学成果举世公认，他为社会培养出了大量有用之才。因此，孔子被后世尊为教育鼻祖。

阅读链接

关于孔子诞生还有一个美丽的传说。这个传说见《孔氏祖庭广记》《阙里谱序》《孔庭摘要》等许多文献。

传说的大意是说，叔梁纥与颜徵在成婚后，盼子心切，经常去附近的尼山上祈祷。夫妻俩的诚意终于感动了上苍。鲁襄公二十二年(公元前551年)农历八月二十七这一天，夫妻俩又一次去尼山上祈祷，下山时在一个山洞里休息时，生下了孔子。后人把这个山洞称为"坤灵洞"，也称"夫子洞"，并陆续在山上建起庙宇，进行祭祀和纪念。经过历代的不断修缮，"夫子洞"和尼山孔庙至今仍然完好无损。

孔子私学培养的大贤

孔子作为伟大的教育家，教学有方，桃李满天下。在他的私学中，"弟子三千，贤者七十二"，有很多弟子都成为了各诸侯国卓有成就的栋梁之材。这是孔子私学教育所取得的巨大成就。

孔子讲学孚雕

司寇　西周时期始置，位次三公，与六卿相当，与司马、司空、司士、司徒并称"五官"，掌管刑狱、纠察等事。各诸侯国也置此官，职掌同周、楚、陈等国称"司败"。后世也用作刑部尚书的别称。春秋战国时期，有的国家也称"刑官为上""理"或"尉"。孔子曾任司寇之职。

孔子的教育学说有一个最主要的特点，就是认为人的内心的道德水平决定人的行为的高低，强调人的内在思想可以塑造与改变的。因此，在他通过私学教育，培养出了中颜回、仲由、端木赐、言偃、曾点、曾参这样的大贤，他们都是致力于拯救人心，拯救世界的人。

颜回，是孔子最得意弟子，孔子曾经说道：

> 颜回吃的是一小筐饭，　喝的是一瓢水，住在穷陋的小房中，别人都受不了这种贫苦，颜回却仍然不改变向道的乐趣。贤德啊，颜回！

■ 仲由像

颜回素以德行著称，严格按照孔子关于"仁""礼"的要求，"敏于事而慎于言"。故孔子常称赞颜回具有君子四德，即强于行义，弱于受谏，怵于待禄，慎于治身。

颜回终生所向往的就是出现一个"君臣一心，上下和睦，丰衣足食，老少康健，四方咸服，天下安宁"的无战争、无饥饿的盛世理想的社会。

公元前481年，颜回先孔子而去世，葬于鲁城东防山前。孔子对他的早逝感到极为悲痛，不禁哀叹说："唉！是老天爷真要我的命呀！"

自汉代起，颜回被列为"七十二贤"之首，有时祭孔时独以颜回配享，此后历代治国者不断追加谥号。唐太宗尊之为"先师"，唐玄宗尊之为"兖公"。宋真宗加封为"兖国公"。元文宗又尊为"兖国复圣公"。明代嘉靖年间改称"复圣"。山东曲阜还有"复圣庙"。

颜回一生没有做过官，也没有留下传世之作，他的只言片语，收集在《论语》等书中，其思想与孔子的思想基本是一致的。

仲由，是孔子的得意门生，是孔门"七十二贤"之一。

仲由性格爽直，为人勇武，讲信义，忠于职守，以擅长"政事"著称。曾协助孔子"堕三都"，又跟随孔子周游列国。

仲由除了学"六艺"外，还为孔子赶车，做侍卫，跟随孔子周游列国。初仕鲁，后事卫。孔子任鲁国司寇时，他任季孙氏的邑宰，后任卫国大夫孔悝的邑宰。

仲由师从孔子后，接受孔子的礼义教化，但山难移、性难改，仲由的伉直好勇之气终其一生，未能脱

■颜回立像

堕三都 是指春秋时期鲁国堕毁三桓私邑的事件。三都是季孙氏的费邑、孟孙氏的郕邑、叔孙氏的郈邑。公元前497年，孔子为鲁国的大司寇，为了加强君权，派仲由堕毁三都。堕三都最终失败，孔子不久之后，也离开鲁国，周游列国。

仲由百里负米浮雕

尽。为此，他常遭师之痛责。孔子曾评价仲由：

仲由尽管经过教化洗礼，但始终未能成为儒雅君子。

仲由的伉直好勇性格在师从孔子之前即已形成。仲由的好勇与一般的逞勇好斗之徒有所区分，他的好勇含有了某些伸张正义、为民请命、不欺幼弱的意蕴。

仲由重友朋、讲义气，敢于冒死为国拼杀殉道尽忠的舍生取义精神，皆与其伉直好勇性格息息相通。仲由性伉直，表现在言语上就是从不掺假欺瞒，对此孔子评价说："仲由答应今天兑现的事情，决不拖延到明天"。

仲由不仅性格独异，而且还有着政治方面的杰出才干。孔子设案授徒，辟德行、政事、言语、文学4科，而仲由是政事科之优异者。

由于仲由热心政治，关注社会政治问题的学习和研究，使得他在政治方面的才能大有长进。对此孔子不止一次地予以称道，还向季康子推荐仲由说："仲由果断干练，不拖泥带水，从政不成问题。"

仲由曾为季氏邑宰，也做过卫国蒲邑的大夫，还做过卫国大夫孔悝的邑宰，可以说是"学而优则仕"的典范，是学习与社会实践相结合的典范，也是"学以致用"优良学风的践履者。

在对待老师方面，仲由一方面忠贞不贰，极其尊重，但另一方面又不像颜回那样于孔子之言"无所不悦"，总取"不违"态度。只要他认为孔子的言与行有不正确的地方，总是直率地提出批评和反驳。这是仲由率直、光明磊落性格的又一体现。

孔子对仲由忠心不贰、讲信义的品性深有了解，曾断言："如果我的主张行不通，我就乘上木筏子到海外去。能跟从我的大概只有仲由！"仲由听到这话很高兴。

仲由雕塑

仲由自师从孔子后还成了孔子忠心耿耿的贴身侍卫，由于仲由勇力过人，武艺高强，因之无人敢欺慢孔子。孔子曾经说："自从我有了仲由后，恶意的言辞就再也没有听到过。"

仲由在后世备受尊崇。唐时追封为"卫侯"。北宋时期加封为"河内公"，南宋时封为"卫公"。明代改称为"先贤仲子"。

端木赐，是孔门"七十二贤"中最有作为者，而且列言语科之优异者。端木赐学绩上的优异，首先体现在他的"言语"水平的高超上。端木赐在说话技巧、演讲技能上有他的独到之处。

在孔子那个时代，外交礼宾人员的语言训练主要取之于《诗》，这已成为当时的一种习尚。孔子也曾说："不学《诗》，无以言"，《诗》已成为当时语言训练的主要教本。在《诗》的学习中，孔子不仅要求学子们搞通弄懂《诗》的本来意义，而且要求他们能对《诗》"活学活用"，在外交礼宾场合能顺手拈来以达己意，而这没有相当的灵活性和敏锐性是难以做到的。

在孔子的门徒中，端木赐很好地做到了这一点。端木赐在政事方面业绩突出，才能卓越。孔子曾称其为"瑚琏之器"，说他通达事理，善于从宏观上把握问题的全局和整体，而不会为烦琐的细枝末节所迷惑。正因为端木赐通达事理，又有杰出的"言语"才能，所以他才会被鲁、卫等国聘为相辅，并且在出使齐、吴、越、晋四国的外交活动中获得圆满成功。

《史记·孔子世家》曾记载孔子困陈、蔡之地，粮食断绝，情形十分危急，而当时孔子门徒个个面面相觑，不知所措，是端木赐出使楚国，使得楚昭王兴师迎孔子，因而困顿得免。

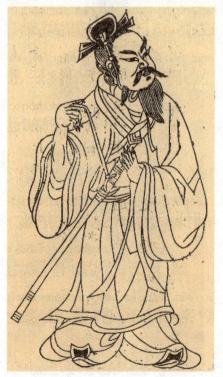

■ 端木赐（前520年—前456年），字子贡。政治家，儒商之祖，官至鲁、卫两国之相。他是孔门七十二贤之一，孔门十哲之一。他是孔子的得意门生之一。孔子曾称其为"瑚琏之器"。他利口巧辞，善于雄辩，且有干济才，办事通达。孔子病危时，子贡未赶回，他觉得对不起老师，别人守墓三年离去，他在墓旁再守三年，共守六年。

端木赐不仅在学业、政绩方面有突出的成就，而且他在理财经商上还有着卓越的天赋，富至千金，成为孔子弟子中首富。

《论语·先进》记载孔子之言：

回也其庶乎，屡空。赐不受命，而货殖焉，臆则屡中。

意思是说，颜回在道德上差不多完善了，但却穷得叮当响，连吃饭都成了问题，而端木赐不安本分，去囤积投机，猜测行情，而且每每猜对。

端木赐依据市场行情的变化，贱买贵卖从中获利，以成巨富。因此，端木赐被后世奉为"儒商鼻祖"。

端木赐雕塑

尽管端木赐有着多方面的建树与成就，但他在孔子面前却表现得非常谦逊。

有一次孔子问端木赐："你和颜回比谁更强些？"

端木赐相当有涵养，他说："我怎能比得上颜回！颜回能够闻一知十，而我只能闻一知二。"

孔子去世后，端木赐不但生意做得越来越好，还当了鲁国的大夫，当"三桓"在孔子去世后10余年侮辱孔子时，他还在为孔子辩解，足可见其忠心。

端木赐晚年，也像孔子一样开始教学，鲁国大夫子服景伯就是他培养出的优秀人才。端木赐影响之大、作用之巨，是孔门弟子中无人

■ 言偃（前506—前443），字子游，又称叔氏。春秋时吴地常熟人。孔门72贤弟子中唯一南方弟子。擅文学，曾任鲁国武城宰，阐扬孔子学说，用礼乐教育士民，境内到处有弦歌之声，为孔子所称赞。孔子曾云："吾门有偃，吾道其南。"意即我门下有了言偃，我的学说才得以在南方传播。故言偃被誉为"南方夫子"。后人配祀孔庙，称"十哲人第九人"。

所能企及的。在孔门弟子中，端木赐是把学和行结合得最好的一位。

端木赐受到了后世的景仰。唐代追封其为"黎侯"。宋代加封为"黎公"。明代改称"先贤端木子"。

言偃，是孔门"七十二贤"中唯一的南方弟子。言偃出生于吴地，成年后到鲁国就学于孔子，从言偃比孔子年轻45岁来看，他是孔子晚年的学生。言偃在孔子处学习十分勤奋，遇到疑难问题常向孔子请教；孔子也视言偃为他所满意的及门弟子之一，曾向言偃描绘过他心中的理想社会的美景。

有一次，言偃陪孔子参加腊祭，祭祀仪式结束后，两人走到宗庙外面高大的建筑物旁边，孔子仰天长叹。

言偃觉得十分奇怪，就问道："为什么叹气？"

孔子说："我没有赶上大道实行的时代和三代英明人主当政的时代，可心里总是很向往啊！"接着，他滔滔不绝地向言偃描述了"谋闭而不兴，盗窃乱贼而不作，故外户而不闭"的大同社会的景象。

孔子的话，在言偃脑海里留下了深刻印象。他后来在鲁国当武城宰相时，遵照师训，以礼乐教化人民，做出了成绩。

有一次，孔子来到武城，听到了处处有弦歌之声，于是微笑着对迎接他的言偃说："治理这个地方还用得着小题大做，以礼乐来教育吗？"

言偃恭敬地回答说："以前老师曾教导我，做官的学习礼乐就会有仁爱之心，老百姓学习礼乐就容易听指挥，听使唤，礼乐教育总是有用的啊！"

学生的回答使老师十分满意。孔子对随同他一起来的学生说："言偃的话是正确的，我刚才那话不过是与他开个玩笑罢了。"这说明言偃对孔子的思想，不仅能深刻理解，而且做到了身体力行。

接着，孔子又问言偃道："你在这里得到什么人才没有？"

言偃回答说："有一个叫澹台灭明的人，走路不抄小道，不是公事从不到我屋里来。"言下之意是此人行为端正，不对上司拍马奉承，是可以重用的一个

吴地 "吴地"的概念首先源于春秋后期五霸之一的吴国，当时吴国的疆域大致在今天的苏南太湖流域、浙北地区和皖东地区。浙北的嘉兴西南部以及会稽山阴则是吴越之争的主战场；还源于汉朝的"三吴"，三吴是：吴郡即今江苏苏州、吴兴即今浙江湖州、吴会即今浙江绍兴。

■ 孔子讲学

言偃雕塑

教化于民

大学文化与私塾文化

人才。这说明言偃很能识别人才，当了官以后，不是专喜听恭维话的。

言偃去世后得到后人的崇敬，累世不绝。唐代他被列入孔庙而受到人们的祭祀，后又被追封为"号侯"。北宋时期又被封为"丹阳公"，南宋时期被封为"吴公"。元时被封为"吴国公"。明代被封为"先贤言子"。清代初期承袭明代的封号，康熙时期在言偃后裔中设五经博士一员，世代承袭，用以奉祀先贤。此外，清代几个皇帝南巡，先后派大臣到常熟言偃墓致祭，并赠送由御笔题的匾额。

曾点，系儒家一代传人"宗圣"曾参之父，他自己也是孔子的学生，被列为孔子门"徒七十二贤"之一，后与颜回之父颜无繇、孟轲之父孟孙激等人并祀于曲阜孔庙后部的崇圣祠。

据《论语》记载：有一次，曾点和仲由、冉有、公西华侍坐孔子，谈个人志趣时，他"铿"然一声，停止鼓瑟，说道："暮春时节，换上春装，和五六位志同道合的成年人，带上几个少年，去沂河里洗洗澡，在舞雩台上吹吹风，然后唱歌回来。"

孔子听后大加赞赏，喟然叹说："你和我想的一样！"

鲁国大夫季武子去世时，曾点曾经前去吊唁，但他"倚其门而歌"，被称为"鲁之狂士"。

曾点信奉儒学，崇拜孔子，他们父子同师孔子，学习儒家学说，并付诸实践，但未与孔子周游列国。他痛恨当世礼教不行，立志改变现状，孔子认为他是有进取心的狂放之士。

曾点教子有方，成效非常显著，有人告诉他妻子说他儿子曾参在外边杀了人，他妻子仍然织布，不理会报信的人，相信自己的儿子不会干此事。曾参学有成就和他的教育有密切关系。被后人称为教子有方的典型。

曾点受到后世景仰。东汉时期受到祭祀。唐代追封"宿伯"。北宋时期加封"莱芜侯"，南宋时期以"莱芜侯"从祀孔子。明代进为公爵，嘉靖时期改称"先贤曾氏"。

曾参，16岁拜孔子为师，勤奋好学，颇得孔子真传，为"孔门十哲"之一。

舞雩台 称雩台位于曲阜城南三里的沂河之北，是一座高大的土台，原为周鲁国祭天的祭坛，后因孔子带领学生在此乘凉歌咏，故称舞雩台。周代鲁国故城内外的古台很多，现仅存舞雩台、望父台、斗鸡台三处，其中舞雩台是最高大的一处。

■ 孔子及弟子画像

孔子《退修琴书图》

曾参一生积极推行儒家主张，传播儒家思想。他的"修齐治平"的政治观，省身、慎独的修养观，以及以孝为本的孝道观，影响了我国2000多年。曾著《大学》《论语》《孝经》等。他上承孔子之道，下开思孟学派，在儒学发展史乃至中华文化史上均占有重要的地位。

曾参在孔学中的地位，很长时间以来未被人们所认识。他的学术地位，是唐宋时期以后才为一些人所逐步承认。唐代开元年间追封"郕伯"。宋代加封"郕侯"。元代加封为"郕国宗圣公"。明代改称"宗圣"。清代也多有褒赞颂扬之举。

阅读链接

仲由是孔子弟子中性格独特的一位。他为人性格爽直，富有正义感，勇武刚烈，敢于冒死，为当时的人们所称道。

公元前480年，卫国大夫孔悝的母亲伯姬与人谋立蒉聩为君，胁迫孔悝弑卫出公，卫出公闻讯而逃。当时仲由为卫大夫孔悝之邑宰，他在外闻讯后，立刻进城去见蒉聩，阻其谋反。蒉聩命手下武士石乞挥戈击落仲由冠缨，仲由目眦尽裂，严厉喝道："君子死而冠不免！"毅然系好帽缨，从容就义。

汉代私人讲学的兴盛

公元前191年，西汉时期第二个皇帝汉惠帝刘盈诏命废除秦时的禁书法令，这使得长期受到压抑的儒家思想和其他思想活跃起来，为汉代初期私人讲学提供了前提条件。

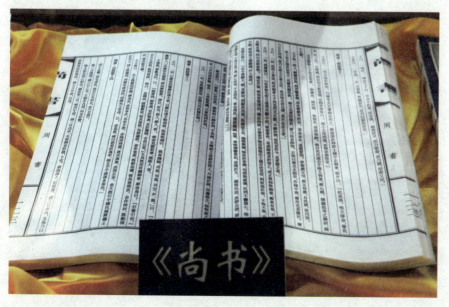

《尚书》

■ 伏生授经图

废除秦禁书令的消息传出后，西汉时期经学学者伏生掘开自家墙壁，将藏在里面的《尚书》发掘出来。他在秦代为博士时，曾冒着生命危险，暗将述录唐尧、虞舜、夏、商、周时期史典的《尚书》藏在墙壁之夹层内，由此逃避焚烧之难。

《尚书》被发掘出来后，伏生发现尚有29篇保存完好，心中颇为欣慰。于是，他开始在私人讲学中传播《尚书》内容。由于他原来在秦代就做博士，所以在讲学过程中，就加进自己记忆中的《尚书》所失篇章的内容。

以后伏生弟子又据他对《尚书》的解释，编成《尚书大传》一书，属"外传"之体。后人评伏生传书之功说：

伏生（前260年—前161年），曾为秦代博士，秦代焚书，于壁中藏《尚书》，由此逃避焚烧之难。汉代初期，伏生掘开墙壁发现尚存29篇，以教齐鲁之间。西汉时期《尚书》学者，皆出其门。

> 汉无伏生，则《尚书》不传；传而无伏生，亦不明其义。

这就是说，后世的《尚书》之为学，伏生实为传授的渊源。

伏生的私人讲学只是当时私学兴起的一个缩影。两汉时期，私家讲学之风已经日渐兴盛，出现了"学乃不在朝而在于野，教乃不在官而在于师"的局面，比官学更好地承担了文化教育的传承任务。

西汉初年，由于思想的解放及儒家"五经"教学十分活跃，在齐、鲁、燕、赵等地已形成具有声势和影响的各个学派及其私学。至汉武帝确立"独尊儒术"的文教政策以后，教育被提高到"治国之本"的地位。

在汉武帝时，官学虽然有很大发展，但朝廷官学只有太学，名额有限，选送有一定之规，地方官学未得到普遍发展，无法满足读书人的要求。在这种情况下，经师宿儒讲学之风大为盛行。

汉代的私学教育，已经开始按不同的层次、不同类型进行教学了。根据现有史料，汉代私学大体可以分为3种基本类型，或低、中、高3个不同层次。这就是以"书馆"为主要形式的蒙学教育，以"乡塾"为主要形式的一般经书学习，以"精庐"或"精舍"为主要形式的专经教育。

"书馆"是汉代进行启蒙教育的最初场所，教师称"书师"，主要是对学生进行识字和写字的训练教学。

汉代"书馆"有两种类型：一种是书师以自己的家室或借用公共场所坐馆设

儒家 又称儒学、儒家学说，或儒教，是以奉信以孔子为先师，以"儒"为共同认可符号，各种与此相关、或声称与此相关的思想道德准则，是中华文明最广泛的信仰构成。春秋战国时期，孔子在鲁国讲学，以"诗、书、礼、乐、易、春秋"之六经为经典，奠定了儒家的最早起源。

123

地方私学

私塾

■ 古代儿童学习写字雕塑

■ 古代塾师教学

范升　东汉初年较为著名的经学家。范升幼年时丧失父母，生长于外祖父家中。他喜好读书，9岁时就能通晓《论语》《孝经》。长大后，就专门研究《易经》和《老子》，并以教授生员为业。范升所研究的《易经》，是西汉宣帝时由梁丘贺这个人传下来的，所以称为《梁丘易》。

教，附近学童入馆就学，学生人数不等，少则几人，多至百人或数百人。如东汉时期思想家王充"八岁出于书馆，书馆小童百人以上"。

另一种是由豪门富户聘请教师来家施教，本家或本族的学童在家受教，也叫"家馆"。在东汉明帝时期专设官邸学教授贵胄子弟之前，连皇帝子女都是通过"家馆"接受启蒙教育的。

无论哪种书馆，教师对学生进行的都是读、写、算和伦理道德行为的基本训练。这个阶段结束后，学童进入"乡塾"接受一般经书教育。

一般经书教育由"乡塾"来承担。"乡塾"的教师称"塾师"或"孝经师"，主要教授《孝经》和《论语》等儒家经典。这个阶段的学习任务主要是巩固前一阶段识字、习字的成果，为了进一步的学习做准备。

汉代有许多人都是通过这个阶段的学习而成为卓然独立、力压群芳的学者的。如著名经学家范升"九岁通《论语》《孝经》，及长，习《梁丘易》《老子》"；军事家和战略家邓禹"年十三，能诵诗，通《论语》，十三明《尚书》，十六治《诗》"等。

在东汉时期官邸学建立之前，皇室子弟也有外出就塾师学习《孝经》《论语》《尚书》等儒家经典的。比如汉光武帝刘秀，他在少时就曾到长安就私学塾师学习《尚书》，"略通大意"。

以上说明在识字、习字教育完成之后，诵读《论语》《孝经》《尚书》等一般经书已成为一个相对独立的教育阶段。

这个阶段的教学要求对经书"粗知文义"，不要求有精深的理解，教学方式主要是诵读。它是从大量的集中识字到专经研习的过渡阶段。

诵读一般经书成为一个相对独立的教育阶段，既巩固了集中识字的成果，又为进行专经研习奠定了基础、做好了必要的准备。

这在古代教育制度发展史上是具有重要意义的。古代教育大体上确定了由集中识字到诵读一般经书，然后进入高层次的专经研习的基本体系。

■ 古代儿童读书雕塑

■ 古代家学教育

即形成了初等教育、中等教育和高等教育，层层递进的教育体系。

专经研习阶段是私学教育的最高阶段。汉代私人讲学的大师都是精通一经或数经的大学者，他们以自己的学术专长教授弟子，吸收了大批生员于门下。

比如：西汉著名经学家董仲舒精通《春秋公羊》学，"下帷讲诵"，弟子众多，创立了"弟子相传"的教学制度；西汉时期大臣韦贤精通《礼》《尚书》《诗经》，"号称邹鲁大儒"。

至东汉时期，专经阶段的私人教学逐渐成了稳定的教学组织形式。实施机构一般名之为"精庐"或"精舍"。"精庐"或"精舍"或建在大师的家乡，或选择山水名胜之地，均带有避世隐居的性质。

精舍常筹集大量资财，供应学者食宿。精舍讲学具有学术研究、学术讨论的性质，往往是经师边说边

礼　在我国古代中，礼是社会的典章制度和道德规范。作为典章制度，它是社会政治制度的体现，是维护上层建筑以及与之相适应的人与人交往中的礼节仪式。"礼"作为道德规范，是领导者和贵族等一切行为的标准和要求。

讲边著述。此种私学对后世的学院的形成和发展有重要的启示意义。

在汉代私学的这三个层次或3种类型中，"书馆"是典型的基础教育，即蒙学。"乡塾"是中等教育，有时它直接与书馆相联系，是启蒙教育的自然延伸，有时又和"精舍"的专经研习阶段相联系，作为专经教育的预备或过渡。

汉代的"精庐"或"精舍"是高等教育，而私塾主要指"书馆"和与其直接相联系的"乡塾"，并不包括"精庐"或"精舍"。汉后各代沿袭此制。

除了上述3种类型的私学外，汉代也特别重视家学。由于其具有广泛性和普遍性，就使得汉代的家庭教育，成为当时汉代私学教育的一种特殊形式。具体地说，汉代的家学主要分为3种情况来进行，一是家世传授；二是家教和家诫；三是女子教育。

家世传授，就是父辈对子辈的传授，子子孙孙，辈辈相传。汉代儒家经学成为占主导地位的官方学术，也是士人谋取功名富贵的晋身之阶，故经学传授成为家庭教育的重点。

家教和家诫，主要是对子女及家人进行生活经验、道德品质以及为人

华佗教授医学图

处世等方面的教育和告诫。家教的对象都是至亲骨肉，利害攸关，有些内容是只能对家里人秘传的，从中可以获得很有价值的借鉴。

女子教育是汉代社会非常重视的，只是这种教育都是在家里进行的，是通过家教来实施的。主要是对女子进行妇德、妇言、妇容、妇行的教育，培养贤妻良母的宗旨支配着整个汉代的女子教育。

汉代家学往往是在生活实践、生产劳动过程中进行，没有特定时间，没有固定场所，没有专门的教材，凡历律、天文、数学、医学等自然科学知识和专门技术都是家学的重要内容。家学还注重培养正确的治学态度和方法，尤其重视为人处世、待人接物等伦理道德教育。

汉代私学的崛起和昌盛，是古代教育史上的大事，具有划时代的意义和贡献。它冲破了官学受政治左右的藩篱，有利于汉代多学派的产生和学术的繁荣，促进了整个社会文明教化水平的提高，积累了丰富的教学经验，完善了教育体系，为促进当时的科学技术进步作出了一定贡献。

教化于民

太学文化与私塾文化

阅读链接

儒家经典《尚书》代代相传，伏生功不可没。他原是秦代博士，为避秦火，将其藏于壁内，西汉初年取出，并在讲学中传播。汉文帝对此非常重视，欲召他进朝。但此时他已年逾90岁，不能出行。汉文帝就派太常晁错到伏生家中，当面授受。

伏生因年迈不能像正常人那样说话，他的话只有其女羲娥才能听懂，只好先由伏生言于其女羲娥，再由羲娥转述给晁错。终于将伏生胸藏的《尚书》整理记录下来，补叙出了所失篇章，才使《尚书》得以完整流传。

魏晋南北朝时期的私学

魏晋南北朝时期，由于战乱与分裂，教育发展受阻，官学时兴时废，但私人教育却较繁荣，在质量上和规模上超过官学，成为教育的台柱。

这一时期的私学形式，包括著名学者自行开办学馆或者四处巡游

古代学生读书场景蜡像

■ 古代学生学习场景蜡像

讲学，以及士族门阀的家学传承等。

魏晋时期，私人开馆授徒的多是钻研经术的硕儒，教学内容基本上是儒学"五经"。如魏国儒宗隗禧，在闲暇的时间阅读，遂成为饱学之士，既明经又通星象，为当时学林所仰，撰有《诸经解》数十万言。致仕返乡时已经80余岁，但前来求学的人仍然非常多。

再如前凉时期的祈嘉博通经传，精究大义，前凉时期桓王张重华征召他为儒林祭酒。祈嘉生性谦和宽厚，孜孜不倦地教诲门生2000余人，他还依照《孝经》撰作《二九神经》。前凉时期国君张天锡称呼他为先生，不直呼他的名字。

这些大儒开办的以讲授经学为主的私学，规模往往成百上千，甚至数千人，超过了官学，所以，儒学在魏晋私人教育中的影响远较官学广泛。

有的儒生隐居不仕，专事教授。诸如：建安初年，长安的宿儒栾文博开馆，有门徒数千，贫寒出身的石德林投其门下学习，然后学《诗》《书》；西晋时期的刘兆，安贫乐道，潜心研究《周易》《周礼》《春秋》，从受业者数千人；前凉时期的宋纤，隐逸不出，弟子受业3000余人；西晋时期的杜夷世以儒学称，在家乡闭门教授，生员千人。

就社会影响而言，南朝时期经学不如玄学、佛学，但在私人教育中，仍以传授儒学的居多。

南朝齐时期教育家沈麟士，早年家贫，编织竹帘为生，手里劳作而口中诵书，口手不息，乡邻们称他为"织帘先生"。后来隐居深山，以讲经教授为业，门徒数十百人。沈麟士贫寒，无深屋广厦供学生学习、住宿，学生们便各营屋宇，依止其侧，幽静的深山竟因此喧嚣起来，当地有民谣道："吴差山中有贤士，开门教授居成市。"

北朝时期风尚淳朴，受两汉经学影响较大，在私人教学内容中，经学占着主要地位，玄学没有地位。尤其是在北魏时期的孝文帝迁洛

古代学生读书场景蜡像

■ 古代学生学习蜡像

玄学 是对《老子》《庄子》和《周易》的研究和解说。产生于魏晋。是魏晋时期的主要哲学思潮，是道家和儒家融合而出现的一种哲学、文化思潮。魏晋时期玄学是一种思辨性很强的哲学，赋予概念及其关系以新的意义，从而使古代哲学的概念以及这些概念间的关系的探讨大大发展起来。

后至北魏宣武帝时期，天下承平，在治国者的大力倡导下，官、私学业大盛，经术弥显。

比如北齐时期的私学，虽然社会经济不景气，但求学之风并未偃息，横经受业之人，遍于乡邑。以至于使这一时期的游学的特点更为显现。

再如北周时期的私学，北周武帝礼聘名儒沈重，亲访名儒熊安生等重儒举措，又重振了北朝时期的负笈求儒学的风气，于是衣儒者之服，挟先王之道，开校舍，延学徒者，竞相比肩。

魏晋南北朝时期，世家大族主宰社会。世代相传的家学是许多世族兴起与维系的重要凭借与手段，而家传学问中最重要、最普遍的便是儒学。家传儒学的特点是世代传授先辈擅长的儒学中的一个或若干方面，累世相传、发展形成优势。

在战乱不止的年代，在世家大族发展的时期，聚族或依附强族而居的趋势有所加强，官学教育地位下降，家庭与家族教育重要性就增加了，家庭教育有时也兼及乡邻。与家传教育不同的是，家族教育重视传授儒学基础知识与道德规范。

这一时期贵族豪门势雄财大，重视文化者多请大学者为师，于府第中开馆教授子弟。为了家族利益他们多择硕学鸿儒传授讲求忠孝节义的儒学，而不是提倡放纵自己，不理世事的玄学，或无父无君、弃国弃家的佛学。

把持东魏朝政的齐高祖高欢，很重视用儒学教育子弟。东魏天平年间，高欢先后聘北魏时期博士卢景裕、李同轨两人至府中，教诸公子。李同轨去世后，高欢聘名儒李铉、刁柔授皇太子诸王经术。西魏时期，硕儒徐遵明的高足乐逊，被太尉李弼请去教授诸子。

在士族家学兴盛的情况下，出现了一些著名的政治家和军事家，如东晋时期的王导、谢安，还有北魏前期的崔浩等，他们都是靠家族教育培养出来的。

思想家有亦儒亦道的葛洪、无神论者范缜。科学家有南朝祖冲之、祖暅等。文学家有"三曹"即

■ 祖冲之（429年—500年），是我国杰出的数学家、科学家。南北朝时期人，汉族人，字文远。生于宋文帝元嘉六年，卒于齐昏侯永元二年。出生地南京。为避战乱，祖冲之的祖父祖昌由河北迁至江南。祖昌曾任刘宋的"大匠卿"，掌管土木工程；祖冲之的父亲也在朝中做官。祖冲之从小接受家传的科学知识。青年时进入华林学省，从事学术活动。一生先后任过南徐州从事史、公府参军、娄县令、谒者仆射、长水校尉等官职。其主要贡献在数学、天文历法和机械三方面。

太学文化与私塾文化

■ 诸葛亮探讨学问

曹操、曹丕、曹植。东晋谢氏家族，谢安、谢弘微、谢混、谢灵运、谢瞻、谢庄、谢览、谢道韫等都是当时有名的诗人。书法世家有王氏、卫氏。代表人物有王羲之、王献之、卫瓘、卫恒等。

书诫教子的盛行是魏晋南北朝时期家族教育中的另一重要特点是。"诫子书"又称"家诫""家训"等，它是世家大族教育子孙的言论和说教。由于这一时期社会的变动，使得"诫子书"大量地涌现并广为流传，成为家族教育的一大特色。

蜀国诸葛亮在《诫子书》中留下传世名言："静以修身，俭以养德。非淡泊无以明志，非宁静无以致远。"体现了对修养的要求；魏国王旭在《诫子及兄子书》中说："孝经则宗族安之，仁义则乡党宗之，此行成于内，名著于外者矣。"强调了德行的重要。

这一时期，以著名教育家颜之推的《颜氏家训》

《颜氏家训》是南北朝时北齐文学家颜之推的传世代表作。此书是古代历史上第一部内容丰富、体系宏大的家训，也是一部学术著作，强调教育体系应以儒学为核心，尤其注重对孩子的早期教育，并对儒学、社会等方面提出了自己独到的见解。对后世的影响颇为深远。

最为著名。它是一部以儒家思想教训子孙，讲立身处世之道的著作，内容比较广泛，伦理清晰，总结了许多有价值的家庭教育方面的经验，对后世的家庭教育产生了深远的影响。

"诫子书"对古代传统文化的继承和普及有一定的贡献，它将道德品质教育融于文化教育之中，对后世起了积极的影响。其中某些教育形式和内容对于今天的家庭教育仍有许多借鉴之处。

此外，在魏晋南北朝时期，越来越多的妇女享有学习的机会，接受家族内的文化教育，使妇女在家族教育作用中发现自我。更使人们领悟到要争取妇女解放首先要争取教育权。

在她们之中，有不少人因有才识而彪炳史册。比如三国时期的著名文学家蔡文姬，自幼受家学的熏陶，展现出杰出的文学才华；谢安的侄女谢道韫，史

蔡文姬（约177年—约249年），东汉时期大文学家蔡邕的女儿，是历史上著名的才女和文学家，精于天文数理，既博学能文，又善诗赋，兼长辩才与音律。代表作有《胡笳十八拍》《悲愤诗》等。

■ 蔡文姬雕塑

称其"风韵高雅、叙致清雅"其才学为家学所致；东晋时期的女书法家卫夫人也出身于书法世家。

受过一定文化教育的妇女，往往承担了更多教育子女的责任。钟繇之子钟会的成才离不开母亲张氏的启蒙教育。《元嘉历》的制订者何承天"五岁丧父。母徐广姊也，聪明博学,故承天幼渐训义"，母亲的启蒙教育得当，使他终成伟大的天文学家。

当时妇女参与家庭内的教育活动还有很多的事例，她们为学术文化的传播、教育事业的发展付出了辛勤的劳动，在培养人才方面功不可没。

魏晋南北朝时期的家族教育作为一种特殊形式的私学，在官学教育不振的历史背景下，对于保存和发展传统文化，促进学术文化的繁荣和进步，培养人才等方面作出了重大贡献。

总之，魏晋南北朝作为一个在教育发展上具有承前启后作用的时期，其私学形式的多样化，为后来的私塾进一步提供了模板，后来的私塾就是在沿袭传统的基础上得以发展的。

阅读链接

颜之推有一次到邺城办事，听说有个喜欢咬文嚼字的博士，有一天他到市场买驴，双方讲好价后，博士说要写一份凭据。博士写满了3张纸，然后摇头晃脑地念起来，过了好半天才念完。

卖驴的听后，不理解地问他说："先生写满3张纸，却没有一个驴字。其实只要写上某月某日我卖给你一头驴子，收了你多少钱也就完了，你真是太唠叨！"

颜之推后来在《颜氏家训》中写道："邺下谚曰：博士买驴，书券三纸，未有驴字。"讽刺卖弄学问的人。

唐宋时期私塾走向成熟

唐宋时期，是古代封建社会发展的鼎盛时期，教育也出现了大繁荣的景象。古代私塾教育，在这一时期也走向了成熟。

唐代在科举取士的推动下，私塾分布广泛，传授内容多样。科举

唐代科举考试蜡像

取士极大地调动了人们的学习积极性和自觉性，使"学而优则仕"的儒家思想得到了具体体现。苦读可以出人头地，因而即使是贫家子弟，也想尽力读书以改变现状。

唐代进入私塾就读者，多数以应举为动机。开元天宝之中，已有"五尺童子，耻不言文墨焉"的情况，假如有人"登高不能赋"，连儿童也会笑话。

唐代大诗人白居易《与元九书》说道，在江南一些地区，他的《秦中吟》《长恨歌》等诗作被广泛传播，"自长安抵江西三四千里，凡乡校、佛寺、逆旅、行舟之中，往往有题仆诗者。"而元稹《白氏长庆集》则说，他和白居易的诗当时是"禁省、观寺、邮候、墙壁上无不书，王公、妾妇、牛童、马走之口无不道。"

诗歌的流传与普及一方面说明文学的繁荣，另一方面也说明教育的普及程度。白居易的诗稿完成后曾读给一老妇人听，而她基本上听得懂，他才不再修改了。

■ 南宋著名的理学家朱熹浮雕

■ 白居易（772年—846年），字乐天，晚号香山居士、醉吟先生。祖籍山西太原，胡族后裔，生于唐代时河南新郑。中唐最具代表性的诗人之一。作品平易近人，乃至于有"老妪能解"的说法。其作品在作者在世时就已广为流传于社会各地各阶层，乃至外国，如新罗、日本等地，产生很大的影响。著名诗歌有《长恨歌》和《琵琶行》等。

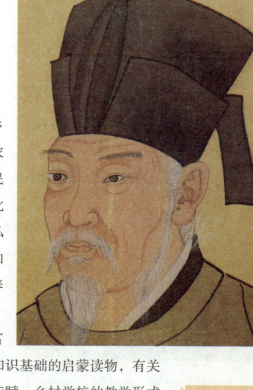

唐代的私塾多建在乡村，一般称为村校。唐代农村经济有较大的发展，乡民多有学习文化的要求，因此村校办得相当普遍。农村私塾不仅对普及一般的文化知识起到积极作用，也为培养专门人才打下了坚实基础。

唐代村校教学内容丰富多彩，有打好识字等文化知识基础的启蒙读物，有关于科举考试内容的经书和诗赋。乡村学校的教学形式也是生动活泼的。当时有很多文人和地方官吏在治学从政之余积极教诲后生，他们授徒讲学不辍，实开一代尊师重道新风。

宋王朝的建立，结束了五代以来分裂割据的局面，治国者顺应民意，在恢复和经济发展生产的同时，荣文教而抑武事，施行"兴文教，崇儒术"的文教政策。

宋代初期的三次兴学，建立学校，重视科举，倡引社会士子读书以荣仕途。但当时官学废置已久，一

元稹（779年—831年），唐代著名诗人。元稹与白居易共同倡导新乐府运动，世称"元白"，诗作号为"元和体"。其诗辞浅意哀，仿佛孤凤悲吟，极为扣人心扉，动人肺腑。名作有传奇《莺莺传》《菊花》《离思五首》《遣悲怀三首》《兔丝》《和裴校书鸳鸯飞》等。

宋代讲学雕塑

时未能建成，私学则成为教育的支柱，故说道：

未有官学，先有乡党之学。

宋代私塾发展逐渐成熟，私塾无论在教材建设，还是教育教学管理制度上都日臻完善。宋代私塾正规化、制度化，可谓盛极一时。

宋代私塾的制度化和规范化发展，使之成为了民间比较稳定的教育组织形式，并且显示出明显的蒙学化教育的特点。私塾种类名目繁多，有小学、乡校、冬学、家塾和蒙馆等。

宋代以"塾"命名的民间教育机构开始大量出现，如私塾、义塾和家塾。此外，宋代还有季节性的村塾、冬学，遍布于城镇乡间和山野村落。

私塾也叫"散馆"，散馆在不同的历史阶段或不同的地区或不同的文献记载中有不同的名称，一般意义上的私塾就是指散馆。私塾就是由塾师在自己家中或在他处租房设馆，招收学生予以教授而形成的民间教育机构。

在宋代民间，此类私塾最为常见，一般家庭出资将自己子弟送入散馆之中受教，学习基础的文化知识，接受人伦教化，以满足基本生活需要或者为以后更高级别的学习打基础。

私塾的规模有大有小，由学生的人数决定，少则几人，多则能达上百人甚至更多，塾师多半以此为生，因此后来的塾师逐渐成为一种相对固定的职业，并一直延续到清末之后。

义塾又称"义学"，往往是由地方士绅出资主持，或由私人捐钱捐田建立学田，利用租金，在公共场所所设立的私塾。由于此类私塾的办学费用和塾师的薪金，全由开办者提供或开办者提供的学田支付，而入学者不需交纳任何费用就可入读，故而具有公益性，属于古代社会慈善公益事业的一部分。

义学兴起于宋代，北宋仁宗年间，范仲淹在苏州置良田10多顷，捐赠给范氏宗族，作为族人的公产，称"义田"，还在城中灵芝坊族宅设立义宅、义学，以育宗族子弟，史称"义庄"。后来各地官员、士人纷纷效法，建立了许多著名的义学。例如宋真宗天禧年间，湘阴人邓咸"创义学于县南，以训族子弟及四方游学。"

家塾，顾名思义，是以单家独户或一姓家族为办学主体，以家庭中的子弟为主要教育对象的私塾。家塾通常情况是由贵族、富商、地主、官僚家庭所办。

此类家庭基于政治上的特权或者充裕的经济条件，延请先生在家中专设的学馆中教授

141

地方私学

私塾

■ 宋代私塾拜师蜡像

科场检录图

自家子弟，一般不接受外人，但也有例外，也有寒门小户延师课子的情况。除此之外有的古代家庭因特殊家庭条件或者家境贫寒，或家人学有专攻可以教授子弟。由父母兄长在家担任教师，对家中子弟进行家业教育，此类家庭教育也可视为家塾。

家塾是在家庭中，聘师或自行为师以教其子弟，教师按照家庭对其子弟的意愿和要求，选用教材和安排课程内容进行施教。

宋代私塾的蒙学化，体现为以启蒙性质的读写知识为主。其中《三字经》《百家姓 》和《千字文》等，是宋代私塾中的主要启蒙读物。这三本书除了《千字文》原典是南朝梁武帝时期的周兴嗣编纂外，其余两本均为宋代的作品，可见宋代私塾教材的辉煌成就。它们都是我国优秀的蒙学读物，并称为"三、百、千"。

《三字经》为南宋时期官员、学者王应麟所著。王应麟隐居20年，有600多卷著作，但知名度最高的反而是这部《三字经》，这可能是他做梦也想不到的事。

王应麟晚年为教育本族子弟读书，编写了一本融会古代文化精粹的《三字歌诀》。他是通古博今的大儒，举重若轻的大家手笔写出这部《三字歌诀》，当然是非同凡响。

《三字经》后经清代末期国学大师章太炎等人多次增改，除了原典内容之外，在"叙史"部分，也已包含元明清三代的内容。

《三字经》是中华民族珍贵的文化遗产，它短小精悍、朗朗上口，千百年来，家喻户晓。其内容涵盖了历史、天文、地理、道德以及一些民间传说，所谓"熟读《三字经》，可知千古事"。由于其独特的思想价值和文化魅力，被历代国人奉为经典并不断流传。

《百家姓》本是北宋初年钱塘的一个书生所编撰的蒙学读物，南宋时期人王明清在《玉照新志》中认为是"两浙钱氏有国时小民所著"，是吴越境内一个普通人的作品。一般认为，《百家姓》成书于960年南宋建立至978年吴越归宋这段时间。

《百家姓》本来收集411个姓，后来赠补到504个姓，其中单因姓444个，复姓60个。此书是将常见的姓氏篇成四字一句的韵文，像一首四言诗，便于诵读和记忆，因此，流传至今，影响极深。

周兴嗣（469年—521年），博学善属文。撰有文集10卷传于世，另有《皇帝实录》《皇德记》《起居注》《职仪》等专著百余卷。但流传最广、最久远的，则是《千字文》。

章太炎（1869年—1936年），清代末期思想家、史学家、朴学大师、国学大师、民族主义革命者。研究范围涉及小学、历史、哲学、政治等，著述甚丰。

143

地方私学

私塾

■《三字经》竹简

宋代私塾教育中有不少大儒参与其中。据著名理学家程颐在《明道先生行状》中记载，程颢在1065年任晋城县令时，"诸乡皆有校，暇时亲至，召父老而与之语，儿童所读书，亲为正句读"。不仅说明程颢在年轻时就是一个忠实地实践儒家学说的人，而且反映了当时开蒙教育的一般情况。

又如，陆游为《秋日郊居》一诗自注说："农家十月遣子弟入学，谓之冬学；所读《杂字》《百家姓》之类，谓之村书"。

宋代私塾学费无定额，依具体情况而定，但一般情况下无论多少都是需要交纳一些的。据《宋稗类钞》中还记载，有某老师因学生不交学费而告至官府的事例："有书生为学子不行束脩，自往诣之，学子闭门不接。书生讼于向。"

学费支付方式多样，有钱有粮；学费交付日期，一般比较随意，也有约定时间的情况。如南宋时期文学家洪迈《夷坚志》记载了在城里教学的王省元因接到家信想去市场买点东西，但是还不到发薪俸的时候，不得以向学生家长预借的事情："欲买市中物。时去俸日尚旬浃。王君令学生白父母豫贷焉。"这个例子说明学费支付时间有时是事先约定好的，有一定的固定时间。

很多地方为了少儿教育，在孩子很小的时候就专门请老师来教授。为了达到预期效果，有的人就采用类似"计件给酬"的办法："教者预为价，终一经偿钱若干。"这也是事先约定好的给酬办法。

宋代私塾学生的入学年龄大多数是8岁，学生人数从两三人到几百人不等。私塾老师水平不一，师生之间除了严肃的教学之外，也和睦相处，亲密无间。

■程颢画像

总之，唐宋时期私塾大力出现，传授内容多样，在教材及教育教学管理制度上都日臻完善。在古代私塾发展史上占有重要地位，对明清时期的私塾鼎盛具有很大影响。

阅读链接

南宋时期著名的学者王应麟著的《三字经》中有这样的一段："窦燕山，有义方，教五子，名俱扬。"其中所讲窦燕山，是指五代时期后周蓟州名士窦禹钧。

窦燕山实可谓教育子女的楷模，他为教其5子，在家设窦氏家塾，延聘"礼文之士为师"。他有5个儿子，长子窦仪、次子窦俨、三子窦侃同为后晋六年进士，四子窦偁为后汉时期进士。五子窦僖，任北宋时期左补阙。都做了朝廷里的大官，时人赞窦家五子为"窦氏五龙"。这就是古今传为佳话的"五子登科"。

明代私塾的设置形式

私塾教育在明代获得了新的发展。由于明代初期朝廷的推动，加之科举体制的相对开放，使明代私塾的分布与发展，呈现出更为纵深化的发展趋势，并日渐成为明代私学中的一个主体部分。

朱元璋画像

明代初期，明太祖朱元璋有感于教化治国的重要性，认为"治国以教化为本，教化以学校为本"，决定除了在中央设立国子监，在各府、州、县也普设学校，以兴教化。

明代私塾的纵深化的发展趋势，表现为其设置几乎遍及全国各府州县。以相对偏远的广东省为例，明嘉靖时全省共计设有社学556所。

其中除却琼州府所属的感恩、崖州、陵水等几个较偏远的县未见有载外，其他诸县均有设立社学的记载，最多的番禺县竟有48所之多。这尚不包括数量难以统计，但显然要庞大得多，也更为普遍的"义学"与"家塾"在内。

明代的私塾，因设置时间、地域、形式及教学内容的不同而名称各异。从其教学内容来看，既有"蒙馆"也有"经馆"，甚至两者兼具者。就其地域差异而言，又有着诸如"家塾""义塾""社学""乡学"等多种不同的称呼，有的地方甚至称之为"书院"。

明代隆庆年间进士管志道就明代学校的设置情况，曾有过一番较为翔实的记述：

> 古者天子之国学曰辟雍，即今之国子监；诸侯之国学曰泮宫，即今之府州县学；辟雍泮宫之外，乡有校、党有庠、术有序，即今之社学；乡校、党庠、术序之外，又有五家之塾，则今富贵家延师之馆、各乡村蒙之馆，皆是也。

其中的"国子监"与"府州县学"，无疑是属于官学范畴之内的。属于民间私塾范畴的，则有"社学""富贵家延师之馆"与"各乡村训蒙之馆"。

琼州府 是明代初期在海南设立的地方行政机构，隶属广东省，南海诸岛被划归琼州府领属的万州管辖，琼州府治琼山县，治所在现在的海南琼山府城镇。可见我国对南海的行政管辖权早在古代就已经拥有，南海诸岛早在我国古代就在行使管辖权，那时的南海诸岛已经是我国领土。

■ 明代塾师蜡像

驿站 是古代供传递官府文书和军事情报的人或来往官员途中食宿、换马的场所。我国是世界上最早建立组织传递信息的国家之一，邮驿历史虽长达3000多年。"驿站"这一场所虽然古已有之，但作为一个词汇的出现是在元代以后，元代以前只称"驿"。

这里的"富贵家延师之馆"，当为一种"家塾"无疑。而所谓的"各乡村训蒙之馆"，实际上又包含着两种主要形式：一为乡民共建的义学；一为塾师于家中自设之塾馆，实则亦为"家塾"的一种。

从总的情况来看，明代的私学设置形式，大致可划分为3种类型：即社学、义学与家塾。

明代社学虽带有一定的官学色彩，但从根本上来说还是属于"私学"范畴之内的。1375年正月，明太祖朱元璋说道：

命天下立社学……延师儒以教民家子弟。

自此社学开始于民间社会中日渐普及。

明初名臣何文渊，"七岁入社学，读书过目不忘"，其所接受的启蒙教育，就是从社学中开始的。

他的父亲有厚德，好扶贫济困。何文渊自幼受家庭熏陶，在社学勤学苦读，博览群书，既学到了很多知识，又有品德。

据说他在东方做官离任后，地方百姓见他囊中羞涩，纷纷解囊筹金，特资盘缠。他却将全部礼金留在驿站，悄无声息地走了。当地有个士子感慨成端，兴之所至，当众就提笔挥毫，在驿站墙上特书了"却金馆"3个字，以志纪念。这种人格，当与他的幼年教育不无关系。

义学是指不受朝廷干预，完全由民间社会自发兴建、自主管理，带有一定公助性质的启蒙学校。明代中期之后，随着政治局势的缓和与民间向学之风的兴起，义学之设更蔚为风气。

明代义学之设，早在初期就见于各种记载中。洪武时，林文溢就曾于福州府长乐县设立"皂林乡学"，以惠乡里子弟。

明代义学的规模，大小不一。如修复嘉定县大场镇义塾时，因得到巡抚的支持，规制宏伟，计有"大成殿3间，明伦堂五间，两庑各十二间，仪门如堂之数"。

根据义学设置目的的不同，明代的义学也可以大致的划分为两种基本类型：

一种主要是为教育家族或宗族子弟而设的。如泰和人胡如麒所建义学，其招收对象就是"吾族之子弟与吾戚

■明代填榜图

江子涛画像

姻之子弟，有愿学而力不能已自遂者"。

另一种则主要是以乡里子弟为受教对象的。诸如嘉靖时锡山钱孟溥，"患乡人之不学，设为义学，割其岁收延聘儒彦，集乡之子弟而教之"。

在当时，这两种形式的义学的办学目的虽各有侧重，却并非完全对立的，也不乏一些将这两种目的与职能集于一身的义学的存在。

如明代初期建安处士江子涛，于居所旁别筑室为义塾，"聚书延聘师儒，训诲诸孙及乡邻子弟"，其中既包含着教育宗族子弟的目的，也不乏施惠乡里的意义所在。

义学因主要以"公助"为目的，对入学对象并无更为严格的规定性与选择性，要相对开放得多。只要符合或为乡里、或为宗族子弟的基本条件，皆可就学。而吸收亲眷戚友子弟附学的家塾，在招收对象上就明显狭隘得多。因而，严格说来，这种附学并不具有真正意义上的、相对开放的公助性所在，这也是其与义学的主要差别所在。

家塾则是指完全由私人创建的，不以"公助"为主要目的，而是以满足个人家庭教育需求为主的民间教育形式。一般来说，这种家塾的规模都相对较小，因而灵活性较强，在私塾中占据了较大的比例。

明代的家塾主要包含3种类型：一是由私人于家中设立的"延师课子"的家塾；二是由儒生设帐家中，招收来学生员的私塾；三是儒家学者举办的书院。

朱元璋建立明王朝初年，有一批元代遗民，不愿意与明朝廷合作，不肯出仕为官，而安于乡间隐过平静生活，其中有相当一部人靠在乡间教书为生。如，洪武年间曾经被延为诸王师的李希颜，明太祖曾经手书征他为诸王师。他给诸王定的规矩甚是严峻，诸王有不服从教导者，有时甚至手击其额。后来隐归乡里。这位隐居不仕的宿儒显然是十分习惯于民间私塾对学生的教育方法，而且将其搬用于宫廷教育之中。

明代的缙绅富实之家，大多于家中自设家塾，延名师训诲子弟。如明嘉靖时期"勤于治生，多蓄藏"的昆山富室许志学，就设家塾"延礼旨儒沈同庵先生……以教诸子"。以至于这种形式在后来成为一些读书人不断参加科举考试过程中暂以为生的手段。

同时，一些普通或者贫寒之家，有时由于义学的相对缺乏，或出于造就子弟的强烈愿望，也不乏一家或数家共举，勉力设建家塾者。

这种家塾虽以训诲自家子弟为主旨，但有时亦吸收亲眷戚友子弟共学，称之为"附学"。这在明代社会中也是一种较为常见的现象。

由儒生设帐家中，招收来学生员的私塾，在明代社会中亦不少见。明末清初学者叶梦珠在《阅世编》中，记载了潘焕璜与翟儆臣两

朱元璋塑像

明代私塾建筑

位比邻儒生，设馆帐、开家塾，造就乡里子弟的事。

这种形式的私塾，在招收对象上虽不如家塾那么狭隘，但塾师本身对生员却具有极大的选择权，严格说来也并不是以公助为主要目的的。

书院教育是儒家学者举办的一种私人的教育形式，书院的开设，多在名山胜地，而且多由社会私人捐资修筑，最重要的是藏书堂，其次是学员之宿舍，每一书院，常供奉着某几个前代名儒的神位与画像。

明代常常采取私家书院规则，但教学上并不像正式官办私塾那样严格，实际上是学者们的学术讲座。明末的书院还发展成为政治舆论的中心。

明代新建的书院不少，以南方为例，江西在崇仁县建小陂书院，在南昌府建正学书院，在建昌县建马融书院，在吉安府永丰县建一峰书院，此外还有复古书院、龙冈书院、白鹭州书院等；广东的书院在明代也新建不少，计有正德年间建书院8所，嘉靖年间建78所，隆庆年间建4所，万历年间建43所，天启年间建1所，崇祯年间建16所；福建的福州府17所，漳州府11所等。

明代民办书院设立的院产或由村、族公产拨款，或由官民捐助。小型的书院由创办人自行筹措，以支付教师的束脩。学生学习和生活费用均自理。

教化于民

大学文化与私塾文化

在明代广为设置的私塾中，从事启蒙工作的基层教育士人，是个值得一提的群体，从对他们的称谓中，也可以反映出当时私塾设置的一些情况。

在明代社会中，在私塾中从事教育的人多被称为"塾师"。这是一个有着某些共有性质的一般性称谓，但同时又因其谋生方式、教授对象与私塾类型等的不同，又有着不尽相同的称呼。

塾师是明代私塾教师的各种称谓中，一个较为普遍、最为常见的称呼。塾师是指乡学教师而言的。据《江西通志》所载，明嘉靖时两广总督陈大伦创立社学，就"命塾师教童子歌诗习礼，时行奖赏。

因此，"塾师"并非仅指家塾教师而言，其应该是对私塾教师的一种泛称。塾师一旦受聘为子弟师，也便成为主家的座上之宾，因而其也往往成为人们对"塾师"的一种尊称。

■ 明代私塾

古代私塾

私塾教师中还有"馆师"的称谓。私塾在古代亦有"书馆"之谓，塾师也因此而有了"馆师"之称。还有"蒙师"与"经师"之称。私塾依其教育层次的不同，有着"经馆"与"蒙馆"之分，塾师也因此有着"经师"与"蒙师"之别。此外还有"童子师""句读师"等。

明代私塾的这种纵深化设置，不仅促动了社会基础教育的发展与兴盛，也促动了塾师职业群体人数与社会规模的极大增长。

阅读链接

明代著名学者吴与弼一生不应科举，讲学家乡，屡荐不出。后来大臣石亨与大学士李贤上疏荐举，授为左春坊左谕德，他上疏请辞，词语恳切，获明英宗嘉许，派人护送回乡，并命地方官按月支给仓米，以示关怀。

在乡里，吴与弼一切行动都遵守儒家礼仪规范。每次到京探望父亲，穿的都是布衣旧鞋。对不义之举，一概不为；对不义之财，一概不取。所以，四方求学者络绎不绝，他都谆谆教诲。甚至招待学生食宿，以此远近闻名。

清代的私塾及其教学

　　清代普通青少年真正读书受教育的场所，除义学外，一般都在地方或私人所办的私塾里。因此清代私塾发达，遍布城乡。

　　清代私塾以经费来源区分，一为富贵之家聘师在家教读子弟，称

清代私塾教育

■ 清代私塾讲学蜡像

坐馆或家塾；二为地方、宗族捐助钱财、学田，聘师设塾以教贫寒子弟，称村塾、族塾；三为塾师私人设馆收费教授生员的，称门馆、教馆、学馆、书屋或私塾。

清代私塾的塾师多为落第秀才或老童生，学生入学年龄不限。自五六岁至20岁左右的都有，其中以十二三岁以下的居多。学生少则一两人，多则可达三四十人。

私塾因为学生的数量不多，老师能照顾到每个学生，譬如上课提问基本上每个学生都能被抽中，所以教学质量上更能有保证。

清代不少很有名的学者名人，也是长期教私塾出身的，如郑板桥就做过很长时期私塾教师。他在《道情》十首中咏塾师之作，亲切感人等于是写他自己：

老书生，白屋中，说唐虞，道古风，许多后辈高科中，门前仆从雄如虎，陌上旌旗去似龙，一朝势落成春梦，倒不如蓬门僻巷，教几个小小蒙童。

私塾的教学时数，一般因人因时而灵活掌握，可分为两类："短学"与"长学"。

童生 文童之别称。明清时期的科举制度，凡是习举业的读书人，不管年龄大小，未考取生员即秀才资格之前，都称为"童生"或"儒童"。但需要注明的是，童生并不完全等同于未考上秀才的学子。根据明朝史书记载，只有通过了县试、府试两场考核的学子才能被称为"童生"。

教学时间短的称为"短学"，一般是一至三个月不等，家长对这种私塾要求不高，只求学生日后能识些字、能记账、能写对联即可。而"长学"每年农历正月半开馆，到冬月才散馆，其"长"的含义，一是指私塾的先生有名望，其教龄也长；二是指学生学习的时间长，学习的内容也多。

　　清代私塾教育由识字开始，达到学会做文章，这个教学进程，是首先由认方块字开始的。

　　私塾学生所读的识字课本，包括《三字经》《百家姓》《千字文》《名贤集》《神童诗》，以及各种《杂字》如《五言杂字》和《七言杂字》等。

　　这些识字课本，有一个共同特点，即句子短，句子整齐，四声清楚，平仄互对，音节易读，字很大，即使不很聪明的儿童，也很容易读，朗朗上口，很快读熟，句子读熟了，字也记牢了。

　　同时，识字课本充分利用了汉语、汉字单音、四声音节的特征，充分发挥了儿童时期记忆力特强的特点，也充分避免了儿童时期理解力差的缺点。突出记忆力的发挥和锻炼，这是我国2000多年以来汉字启蒙

　　郑板桥（1693年—1765年），清代画家、文学家。康熙秀才、雍正举人、乾隆元年进士。一生主要客居扬州，以卖画为生。"扬州八怪"之一。其诗、书、画均旷世独立，世称"三绝"，擅画兰、竹、石、松、菊等植物，其中画竹达50余年，成就最为突出。著有《板桥全集》。

■清代私塾背书蜡像

《论语》是儒家的经典著作之一，由孔子的弟子及其再传弟子编撰而成。它以语录体和对话文体为主，记录了孔子及其弟子言行，集中体现了孔子的政治主张、伦理思想、道德观念及教育原则等。《论语》成书于战国初期，全书一共20卷，11705个汉字，可谓汉语文章的典范。

教育最有效、最成功的特点。

私塾学生经过了一两年的时间，初步完成了识字教育，即开始读书教育。所谓"读"，是读出声音来，琅琅上口，强调读熟背诵。

读的范围，首先是"四书五经"。"四书"或先读《大学》《中庸》，后读《论语》，或先读《论语》，再读"大、中"。最后读《孟子》。"四子书"的诵读次序，没有规定，但《孟子》总是后读，没有先读的。也有读书人家，启蒙时不读"三、百、千"等通俗启蒙读物，识了一些方块字后，就开始读"四书"。然后再读"五经"等，自然也都要读熟，而且能背诵。

这些读熟的书，为了防止忘记，必须经常温习，尤其是"四书"，更是要连本文带朱熹的注，永远烂熟于胸中。随口引用，像说话那样自然，没有这点基本功，是谈不到做好文章的。

■ 清代私塾蜡像

清代私塾教育蜡像

大量背诵经典文章，表面上看起来非常笨，实际上是效果最好的学习语文的方法。因为小孩的理解力弱，但记忆力强，背下大量经典好文，实际上能终身受益。

私塾的教育方法，要求老师们做到因材施教，因人而异。比如同时几个学生，要分别按不同程度读不同种类的书，比如三个读启蒙读物《三字经》《千字文》这类书的，两个读《论语》的，两个读《孟子》的，三个读《诗经》的，两个读《左传》的等，都可以同在一个老师的教导下，一个房间中共同高声朗读。

同时同读一种书的学生，教师也可以按他们不同的智慧，不同的记忆力、理解力分别读不同数量、不同进度的内容。一般都以"句数"计算，即每天老师大体规定读多少句生书。

当时读的书，都是没有标点的。老师教学生读生书时，用朱红毛笔点一短句，领读一遍，学生读一遍，到一完整句时，画一圈。

比如，《论语》开头说'"子曰：学而时习之，不亦说乎？"老师在"子曰"边点一小点，领读"子曰"，学生也跟"子曰"，然后

教化于民

大学文化与私塾文化

■ 清代讲学雕塑

点读"学而时习之"，然后圈读"不亦说乎"，学生均跟着照读。这就是老师教学生读书，也就是所谓"句逗"之学。

有一则故事说：有一个穷秀才，他很穷，天天吃不饱。所以就想办法去混口饭吃。他有一个挺富裕的朋友，每当人家差不多要开饭时，他就会到人家家里"拜访"。而且还编出各种各样的理由，让他朋友留他下来吃饭。

这一天，秀才又"拜访"友人。友人实在想不出什么理由让他离开，就打算看看情形再说。碰巧天突然下雨，那个富朋友想来想去，就留一张纸条："下雨天留客天留人不留。"白话意为：下雨天就要留客。天留你，但我不留你。"朋友留下纸条后就走回房间，心想：一会儿再来，看你还好不好脸皮留下。

可是一会儿那个富朋友回来时，还看到秀才在那。就问："呀，你怎么还在这儿，你不走吗？"

句逗 古代中文在书写上原本是没有标点符号的设计，但是在阅读时为求语气的顺畅和正确传达意思，仍需要注意文句的起承转合，读书人便会在文章中自行加注记号，这就是句逗的由来。

秀才就说："是你叫我留下的啊！"

富朋友就奇怪了，问怎么回事。

秀才指着那张纸条说："你都这么客气了，我还好意思走吗？"

原来，那张纸条被秀才加上了标点，变成了这样："下雨天留客天，留人不？留！"意思是说，下雨天就是留客天，留人吗？留！那富朋友差点晕过去。这个故事说明了"句逗"之学的重要。秀才通过标点巧妙断章取义，最后达到了目的。

老师点句领读、学生跟读之后，就是初步完成了教读的任务，然后学生自己去读，一遍又一遍，然后按规定时间到教师前放下书，背转身来背诵。

私塾中的读书教育，首重识字和背诵，然后是教师教读句逗，首重字形、读音，区分四声。

比如，教读"春风风人""夏雨雨人"句时，必在第二个风字、雨字右上角画个圈，作为标志，教读作去声，这样使学生在读书时，通过拉长声音的大声诵读，自然而清晰地区分四声，记牢读音，这也是学做文章的基本功。

清代教学蜡像

■ 古代学生雕塑

馆阁体 指流行于馆阁及科举考场的书写风格，属于官方使用的书体，特指楷书而言，是一种方正、光沼、乌黑、大小一律的明代官场书体。明代称"台阁体"，清代改称"馆阁体"。馆阁体讲究黑、密、方、紧，虽方正光洁但拘谨刻板，是明、清科举取士书体僵化的产物。

把"四书五经"读熟，背诵如流，是学做文章的基本功之一。识字辨清四声，能熟练地区分词性，学会对对子，是学文章的基本功之二。两者缺一不可。

私塾学生还要学会写字，不但要会写毛笔字大楷、小楷，而且为了追求更高级的科举考试功名，还要把字写得更好，写成"馆阁体"高级书法艺术水平的字，达到翰林院的标准。

虽然从纯书法艺术讲求，翰林馆阁体字不是最高水准，但从端庄整丽角度来看，这种字体是有代表性的。能写这种字的人，其细心、认真、一丝不苟的作风和态度，一般都会影响到他从事任何工作。

私塾教育是在读熟"四书五经"以后，明辨四声学会对对子的基础上，教会做文章的形式，这是中级阶段。

会做整篇文章，然后再温习读过的经书，多读名家的范文，经常揣摩练习作各种题目的文章，准备考试，或未考进秀才，再准备考举人，仍在有名教师的私塾中学习，这就是私塾的高级阶段了。

由幼年启蒙识字，到能参加县里的童生、府里的秀才考试，就算教会了做文章，完成了作文的学习过程。至于进一步提高，就是如何练的问题了。其标准一是看能否考进秀才、考中举人、进士；二是社会是否赞赏，供人学习模仿。

另外，私塾在教育阶段，十分注重蒙童的教养教育，强调蒙童养成良好的道德品质和生活习惯。如对蒙童的行为礼节，像着衣、叉手、作揖、行路、视听等都有严格的具体规定，为我国教育的传统。

清末，由于发展小学缺少资金和教师，热心教育者认为不如改良旧塾，使之逐渐成为初等或高等小学堂。但私塾改良收效不大，农村的私塾还是以旧式私塾居多，鲜有改良者。每当私塾改良活动处于低谷，地方教育行政机构放松了对私塾的管理时，社会上就会冒出一批私塾来。

清代私塾教育雕塑

清代教书场景蜡像

由于古代有私人办学的传统，崇尚文化知识。遇到战乱，官学受到冲击，私学便趁机填补官学被破坏所造成的教育真空。这一模式在近代仍然适用，具体表现为私塾的反弹。

1949年后，将全国私立中小学全部由国家接办，改为公立。私塾有的被并入小学，有的主动关门。到了20世纪50年代后期，私塾基本上在社会上绝迹了。

阅读链接

清代民族英雄林则徐的父亲林宾日很有学问，著有《小鸣集》诗八卷，古文、时文各两卷，曾经在家塾中做教师。林则徐4岁随父入塾读书，从识字及读章句，皆其父口授。

林则徐7岁时即开始学作文，别人认为太早，其父林宾日则认为"此儿性灵，时有发现处，不引之则其机反窒，此教术之因材而施者耳。"徐父亲林宾日是个好父亲，好老师，对幼年的林则徐观察、判断十分深刻。后来林则徐在他的教导下，到14岁时，便以优异成绩成为秀才。

中华精神家园书系

建筑古蕴

壮丽皇宫：三大故宫的建筑壮景
宫殿怀古：古风犹存的历代华宫
古都遗韵：古都的厚重历史遗韵
千古都城：三大古都的千古传奇
王府胜景：北京著名王府的景致
府衙留影：古代府衙的历史遗风
古城底蕴：十大古城的历史风貌
古镇奇葩：物宝天华的古镇奇观
古村佳境：人杰地灵的千年古村
经典民居：精华浓缩的最美民居

古建风雅

皇家御苑：非凡胜景的皇家园林
非凡胜景：北京著名的皇家园林
园林精粹：苏州园林特色与名园
秀美园林：江南园林特色与名园
园林千姿：岭南园林特色与名园
雄丽之园：北方园林特色与名园
亭台情趣：迷人的典型精品古建
楼阁雅韵：神圣典雅的古建象征
三大名楼：文人雅士的汇聚之所
古建古风：中国古典建筑与标志

古建之魂

千年名刹：享誉中外的佛教寺院
天下四绝：佛教的海内四大名刹
皇家寺院：御赐美名的著名古刹
寺院奇观：独特文化底蕴的名刹
京城宝刹：北京内外八刹与三山
道观杰作：道教的十大著名宫观
古塔瑰宝：无上玄机的魅力古塔
宝塔珍品：巧夺天工的非常古塔
千古祭庙：历代帝王庙与名臣庙

文化遗迹

远古人类：中国最早猿人及遗址
原始文化：新石器时代文化遗址
王朝遗韵：历代都城与王城遗址
考古遗珍：中国的十大考古发现
陵墓遗存：古代陵墓与出土文物
石窟奇观：著名石窟与不朽艺术
石刻神工：古代石刻与文化艺术
岩画古韵：古代岩画与艺术特色
家居古风：古代建材与家居艺术
古道依稀：古代商贸通道与交通

古建涵蕴

天下祭坛：北京祭坛的绝妙密码
祭祀庙宇：香火旺盛的各地神庙
绵延祠庙：传奇神人的祭祀圣殿
至圣尊崇：文化浓厚的孔孟祭地
人间天宫：非凡造诣的妈祖庙宇
祠庙典范：最具人文特色的祭祠
绝代王陵：气势恢宏的帝王陵园
王陵雄风：空前绝后的地下城堡
大宅揽胜：宏大气派的大户宅第
古街韵味：古色古香的千年古街

物宝天华

青铜时代：青铜文化与艺术特色
玉石之国：玉器文化与艺术特色
陶器寻古：陶器文化与艺术特色
瓷器故乡：瓷器文化与艺术特色
金银生辉：金银文化与艺术特色
珐琅精工：珐琅器与文化之特色
琉璃古风：琉璃器与文化之特色
天然大漆：漆器文化与艺术特色
天然珍宝：珍珠宝石与艺术特色
天下奇石：赏石文化与艺术特色

古迹奇观

玉宇琼楼： 分布全国的古建筑群
城楼古韵： 雄伟壮丽的古代城楼
历史开关： 千年古城墙与古城门
长城纵览： 古代浩大的防御工程
长城关隘： 万里长城的著名关卡
雄关漫道： 北方的著名古代关隘
千古要塞： 南方的著名古代关隘
桥的国度： 穿越古今的著名桥梁
古桥天姿： 千姿百态的古桥艺术
水利古貌： 古代水利工程与遗迹

山水灵性

母亲之河： 黄河文明与历史渊源
中华巨龙： 长江文明与历史渊源
江河之美： 著名江河的文化源流
水韵雅趣： 湖泊泉源与历史文化
东岳西岳： 泰山华山与历史文化
五岳名山： 恒山衡山嵩山的文化
三山美名： 三山美景与历史文化
佛教名山： 佛教名山的文化流芳
道教名山： 道教名山的文化流芳
天下奇山： 名山奇迹与文化内涵

自然遗产

天地厚礼： 中国的世界自然遗产
地理恩赐： 地质蕴含之美与价值
绝美景色： 国家综合自然风景区
地质奇观： 国家自然地质风景区
无限美景： 国家自然山水风景区
自然名胜： 国家自然名胜风景区
天然生态： 国家综合自然保护区
动物乐园： 国家动物自然保护区
植物王国： 国家保护的野生植物
森林景观： 国家森林公园大博览

西部沃土

古朴秦川： 三秦文化特色与形态
龙兴之地： 汉水文化特色与形态
塞外江南： 陇右文化特色与形态
人类敦煌： 敦煌文化特色与形态
巴山风情： 巴渝文化特色与形态
天府之国： 蜀文化的特色与形态
黔风贵韵： 黔贵文化特色与形态
七彩云南： 滇云文化特色与形态
八桂山水： 八桂文化特色与形态
草原牧歌： 草原文化特色与形态

东部风情

燕赵悲歌： 燕赵文化特色与形态
齐鲁儒风： 齐鲁文化特色与形态
吴越人家： 吴越文化特色与形态
两淮之风： 两淮文化特色与形态
八闽魅力： 福建文化特色与形态
客家风采： 客家文化特色与形态
岭南灵秀： 岭南文化特色与形态
潮汕之根： 潮州文化特色与形态
滨海风光： 琼州文化特色与形态
宝岛台湾： 台湾文化特色与形态

中部之魂

三晋大地： 三晋文化特色与形态
华夏之中： 中原文化特色与形态
陈楚风韵： 陈楚文化特色与形态
地方显学： 徽州文化特色与形态
形胜之区： 江西文化特色与形态
淳朴湖湘： 湖湘文化特色与形态
神秘湘西： 湘西文化特色与形态
瑰丽楚地： 荆楚文化特色与形态
秦淮画卷： 秦淮文化特色与形态
冰雪关东： 关东文化特色与形态

节庆习俗

普天同庆： 春节习俗与文化内涵
张灯结彩： 元宵习俗与彩灯文化
寄托哀思： 清明祭祀与寒食习俗
粽情端午： 端午节与赛龙舟习俗
浪漫佳期： 七夕节俗与妇女乞巧
花好月圆： 中秋节俗与赏月之风
九九踏秋： 重阳节俗与登高赏菊
千秋佳节： 传统节日与文化内涵
民族盛典： 少数民族节日与内涵
百姓聚欢： 庙会活动与赶集习俗

民风根源

血缘脉系： 家族家谱与家庭文化
万姓之根： 姓氏与名字号及称谓
生之由来： 生庚生肖与寿诞礼俗
婚事礼俗： 嫁娶礼俗与结婚喜庆
人生遵俗： 人生处世与礼俗文化
幸福美满： 福禄寿喜与五福临门
礼仪之邦： 古代礼制与礼仪文化
祭祀庆典： 传统祭典与祭祀礼俗
山水相依： 依山傍水的居住文化

衣食天下

衣冠楚楚： 服装艺术与文化内涵
凤冠霞帔： 佩饰艺术与文化内涵
丝绸锦缎： 古代纺织精品与布艺
绣美中华： 刺绣文化与四大名绣
以食为天： 饮食历史与筷子文化
美食中国： 八大菜系与文化内涵
中国酒道： 酒史历史酒文化的特色
酒香千年： 酿酒遗址与传统名酒
茶道风雅： 茶历史茶文化的特色

国风美术

丹青史话： 绘画历史演变与内涵
国画风采： 绘画方法体系与类别
独特画派： 著名绘画流派与特色
国画瑰宝： 传世名画的绝色魅力
国风长卷： 传世名画的大美风采
艺术之根： 民间剪纸与民间年画
影视鼻祖： 民间皮影戏与木偶戏
国粹书法： 书法历史与艺术内涵
翰墨飘香： 著名书法名作与艺术
行书天下： 著名行书精品与艺术

汉语之魂

汉语源流： 汉字汉语与文章体类
文学经典： 文学评论与作品选集
古老哲学： 哲学流派与经典著作
史册汗青： 历史典籍与文化内涵
统御之道： 政论专著与文化内涵
兵家韬略： 兵法谋略与文化内涵
文苑集成： 古代文献与经典专著
经传宝典： 古代经传与文化内涵
曲苑音坛： 曲艺说唱项目与艺术
曲艺奇葩： 曲艺伴奏项目与艺术

博大文学

神话魅力： 神话传说与文化内涵
民间相传： 民间传说与文化内涵
英雄赞歌： 四大英雄史诗与内涵
灿烂散文： 散文历史与艺术特色
诗的国度： 诗的历史与艺术特色
词苑漫步： 词的历史与艺术特色
散曲奇葩： 散曲历史与艺术特色
小说源流： 小说历史与艺术特色
小说经典： 著名古典小说的魅力

歌舞共娱

古乐流芳：古代音乐历史与文化
钧天广乐：古代十大名曲与内涵
八音古乐：古代乐器与演奏艺术
鸾歌凤舞：古代大曲历史与艺术
妙舞长空：舞蹈历史与文化内涵
体育古项：体育运动与古老项目
民俗娱乐：民俗运动与古老项目
刀光剑影：器械武术种类与文化
快乐游艺：古老游艺与文化内涵
开心棋牌：棋牌文化与古老项目

戏苑杂谈

梨园春秋：中国戏曲历史与文化
古戏经典：四大古典悲剧与喜剧
关东曲苑：东北戏曲种类与艺术
京津大戏：北京与天津戏曲艺术
燕赵戏苑：河北戏曲种类与艺术
三秦戏苑：陕西戏曲种类与艺术
齐鲁戏台：山东戏曲种类与艺术
中原曲苑：河南戏曲种类与艺术
江淮戏话：安徽戏曲种类与艺术

梨园谱系

苏沪大戏：江苏上海戏曲与艺术
钱塘戏话：浙江戏曲种类与艺术
荆楚戏台：湖北戏曲种类与艺术
潇湘梨园：湖南戏曲种类与艺术
滇黔好戏：云南贵州戏曲与艺术
八桂梨园：广西戏曲种类与艺术
闽台戏苑：福建戏曲种类与艺术
粤琼戏话：广东戏曲种类与艺术
赣江好戏：江西戏曲种类与艺术

科技回眸

创始发明：四大发明与历史价值
科技首创：万物探索与发明发现
天文回望：天文历史与天文科技
万年历法：古代历法与岁时文化
地理探究：地学历史与地理科技
数学史鉴：数学历史与数学成就
物理源流：物理历史与物理科技
化学历程：化学历史与化学科技
农学春秋：农学历史与农业科技
生物寻古：生物历史与生物科技

千秋教化

教育之本：历代官学与民风教化
文武科举：科举历史与选拔制度
教化于民：太学文化与私塾文化
官学盛况：国子监与学宫的教育
朗朗书院：书院文化与教育特色
君子之学：琴棋书画与六艺课目
启蒙经典：家教蒙学与文化内涵
文房四宝：纸笔墨砚及文化内涵
刻印时代：古籍历史与文化内涵
金石之光：篆刻艺术与印章碑石

传统美德

君子之为：修身齐家治国平天下
刚健有为：自强不息与勇毅力行
仁爱孝悌：传统美德的集中体现
谦和好礼：为人处世的美好情操
诚信知报：质朴道德的重要表现
精忠报国：民族精神的巨大力量
克己奉公：强烈使命感和责任感
见利思义：崇高人格的光辉写照
勤俭廉政：民族的共同价值取向
笃实宽厚：宽厚品德的生活体现

文化标记

龙凤图腾：龙凤崇拜与舞龙舞狮
吉祥如意：吉祥物品与文化内涵
花中四君：梅兰竹菊与文化内涵
草木有情：草木美誉与文化象征
雕塑之韵：雕塑历史与艺术内涵
壁画遗韵：古代壁画与古墓丹青
雕刻精工：竹木骨牙角匏与工艺
百年老号：百年企业与文化传统
特色之乡：文化之乡与文化内涵

悠久历史

古往今来：历代更替与王朝千秋
天下一统：历代统一与行动韬略
太平盛世：历代盛世与开明之治
变法图强：历代变法与图强革新
古代外交：历代外交与文化交流
选贤任能：历代官制与选拔制度
法治天下：历代法制与公正严明
古代税赋：历代赋税与劳役制度
三农史志：历代农业与土地制度
古代户籍：历代区划与户籍制度

历史长河

兵器阵法：历代军事与兵器阵法
战事演义：历代战争与著名战役
货币历程：历代货币与钱币形式
金融形态：历代金融与货币流通
交通巡礼：历代交通与水陆运输
商贸纵观：历代商业与市场经济
印纺工业：历代纺织与印染工艺
古老行业：三百六十行由来发展
养殖史话：古代畜牧与古代渔业
种植细说：古代栽培与古代园艺

杰出人物

文韬武略：杰出帝王与励精图治
千古忠良：千古贤臣与爱国爱民
将帅传奇：将帅风云与文韬武略
思想宗师：先贤思想与智慧精华
科学鼻祖：科学精英与求索发现
发明巨匠：发明天工与创造英才
文坛泰斗：文学大家与传世经典
诗神巨星：天才诗人与妙笔华篇
画界巨擘：绘画名家与绝代精品
艺术大家：艺术大师与杰出之作

信仰之光

儒学根源：儒学历史与文化内涵
文化主体：天人合一的思想内涵
处世之道：传统儒家的修行法宝
上善若水：道教历史与道教文化

强健之源

中国功夫：中华武术历史与文化
南拳北腿：武术种类与文化内涵
少林传奇：少林功夫历史与文化